新ブリッジブック

国際取引法入門

井原　宏 著

信山社

Shinzansha

　国際取引法は、対象領域が幅広くかつ先端分野であるためか、国際取引法の入門書はこれまで出版されていない。今日の企業は規模の大小や業種を問わず、グローバルな市場で国際取引活動を活発に行っている。一般読者向けにコンパクトでかつ分かりやすい入門書を出版したいと願っていた。本書は、このような試みを目的とする四六判の入門書である。

　本書は、8つの章から構成されている。第1章は、「国際物品売買契約」である。国際物品売買契約に関する国連条約（CISG）を取り上げて、契約の総則から始まり、契約の成立、契約の内容、契約の履行・不履行、契約の解除および損害賠償を概説する。国際物品売買は国際取引の基本であり、その基礎を理解する必要がある。第2章は、「コーポレートガバナンス・システムの構築」である。アメリカ型コーポレートガバナンス、日本型コーポレートガバナンス、社外取締役、コーポレートガバナンス形態の強化、企業情報の開示規制、情報開示によるコーポレートガバナンス、マネジメントの説明責任およびグローバル企業のガバナンス・システムについて、国際取引に従事する企業が備えるべきコーポレートガバナンス・システムの観点から検討する。第3章は、「コンプライアンス・システムの構築」である。コンプライアンス・プログラム、内部通報制度およびコンプライアンス・システムの整備・強化について、国際取引に従事する企業が備えるべきコンプライアンス・システムの観点から検討する。第4章は、「国際技術ライセンス」である。国際技術ライセンス契約の機能と形態、国際技術ライセンス契約の基本的構造、ライセンサーの義務およびライセンシーの義務を検討する。国際技術ライセンスは技術導入および技術移転の分野における企業の知的財産戦略にかかわるものであり、有力な企業の国際事業戦略である。第5章は、「国際事業提携」である。国際事業提携のフレームワー

ク、国際事業提携の基本的構造、提携関係の解消および提携関係の発展を考察する。国際事業提携は海外の企業との提携関係の構築により国際事業戦略を展開する手段である。第6章は、「国際ジョイントベンチャー」である。国際ジョイントベンチャーのフレームワーク、コーポレト型国際ジョイントベンチャー契約の基本的構造、合弁会社の経営と管理について検討する。国際ジョイントベンチャーは海外の企業と合弁事業を展開するための国際事業戦略である。第7章は、「国際買収」である。国際買収のフレームワーク、国際買収の形態、国際買収のプロセス、国際買収契約の基本的構造および買収におけるデューディリジェンスを考察する。国際買収は最強の国際事業戦略であり、その仕組みの理解を欠かすことはできない。第8章は、「国際取引における紛争解決」である。国際仲裁および国際訴訟について解説する。国際取引においては関係当事者間で何らかの紛争が生じる可能性がある。そのような紛争を解決する方策として、国際仲裁と国際訴訟の基礎を理解する必要がある。

　本書『国際取引入門』が、国際取引に関心をもつ、企業の法務部門・企画部門・事業部門・海外営業部門等の実務家、大学等の法学部・経営学部・商学部等の学生を含むすべての方々が国際取引法にかかわる基礎的な法律問題を理解する上でお役に立つことを願っている。

　最後に、本書の刊行に際して、信山社の袖山貴社長と編集担当の稲葉文子さんには本書の意義を理解していただき、大変お世話になった。心から感謝申し上げたい。

　2023年10月

井　原　　宏

はしがき

第1章

国際物品売買契約

1 契約の総則

　国際物品売買契約に関する国連条約（CISG）は、1929年から始まった長年の作業の成果として1980年3月から4月にかけて開催されたウィーン外交会議で採択され、1988年1月1日に発効した。2008年7月にわが国が本条約に加入することが国会で承認され、日本政府は7月31日付けで国連事務総長に加入書を寄託し、2009年8月1日からわが国について本条約が発効した。わが国の企業は、物品の販売に際して、国内市場のみならず、海外市場において活発に活動している。さらに物品の購入に際しても、国内市場のみならず、その供給源を海外市場に大きく依存している。

(1) 対象範囲

　CISGは、営業所が異なる国にある当事者間の物品売買に適用される。すなわち、当事者の営業所が異なる国にあるという国際性が要求されており、国際契約が対象である。この国際性の要件は、当事者の国がいずれも条約の締約国であるか、あるいは一方の当事者の国が締約国ではないが、法廷地の国際私法のルールに従い締約国の法の適用が認められる場合には満たされることになる。CISGは、物品売買の定義を積極的に定めていないが、消費者物品の売買は一般的にCISGの範囲外とされ、また競売や法の強制による売却、流通証券、船舶、電気等も除外さ

れている。さらに、買主が原材料の重要な部分を供給するような生産委託契約や物品とサービスが混合する契約でサービスの要素が顕著なものについては、CISG は適用されない。

　CISG は、契約の成立および当事者の義務のみを対象とし、契約の有効性および売却された物品の権原に対する効果の問題は取り扱わない。したがって、錯誤、詐欺、強迫などによる契約の有効性ないし強制可能性の問題は、各国の裁判所が、法廷地の国際私法のルールを経て各国の国内法に従って決することになる。いいかえれば、CISG は合意成立のメカニズムを対象としており、成立した契約の強制に対する抗弁の問題を取り扱わないのである。売買契約が売却された物品の権原に及ぼす効果については、例えば、買主が善意の買主として債権者等の第三者が有する権利から遮断されるかどうかの問題や物品の所有権の移転時期の問題は CISG の対象外となる。CISG は、当該物品により引き起こされた人の死亡または人身傷害に対する売主の責任については適用されない。もっとも、買主の財産そのものに対する損害については除外されていないので、CISG に基づく契約上の救済として損害賠償請求の対象となりうる。不法行為としての製造物責任に対する損害賠償請求については、CISG の対象外である。

(2) 当事者間の基本的契約関係

 契約の自由 　CISG は、契約自由の原則を基本的に承認している。契約方式自由の原則が CISG によって採用されている。CISG において、売買契約は、書面により締結または立証されることを要せず、また方式についてその他のいかなる要件にも服さない。売買契約は、証人を含むいかなる方法によっても証明することができる。契約の変更については、当事者の合意のみで可能である。ところが、CISG は、留保宣言をした締約国にいずれかの当事者が営業所をもつ場合には、有効な契約に必要な要件として書面を要求することを許容している。

排　除　CISG において、当事者は、CISG の適用を排除し、または書面性の例外的要求に従って、その規定の効果を減じもしくは変更することができる。当事者は、各国国内法が許容する契約自由の範囲内で合意により、当該契約を CISG の規定に従わせることもできるし、CISG を準拠法として選択した当事者がそれを補足するものとして国内法の契約のルールの一部を合意により当該契約に織り込むこともできる。

解釈と補充　CISG の解釈に当たっては、その国際的性格ならびにその適用における統一性および国際貿易における信義誠実の遵守を促進する必要性が考慮されるべきである。CISG により規律される事項で、CISG の中に解決方法が明示されていない問題については、CISG の基礎にある一般原則に従い、またかかる原則がない場合には、国際私法のルールにより適用される法に従って解釈されるべきである。締約国の裁判所は、CISG の解釈についてそれ自身の主観的な見解にのみ依拠することはできない。国際的な解釈の統一を促進するために、CISG に関する締約国の裁判所の判例集が公刊されている。

信義誠実　CISG においては、CISG の解釈に当たって、国際貿易における信義誠実の遵守を促進する必要性が考慮されるべきとされているにすぎず、その役割は実質的にも限定されているようにみえる。

慣習と慣行　CISG において、当事者は、合意している慣習および当事者間で確立させている慣行に拘束される。当事者は、暗黙のうちに、両当事者が知りまたは知るべきであった慣習で、国際貿易において関連する特定の取引分野で同じ種類の契約の当事者により広く知られ、かつ通常一般に遵守されているものを、当事者間の契約またはその成立に適用したものとみなされる。

(3) 契約の解釈

当事者の意思と行為　CISG において、当事者によってなされた言明その他の行為は、相手方が知りまたは知らないはずはありえなかったその当事者の意思に従って解釈され、そうでない場合には、相手方と同じ部類に属する合理的な者が同じ状況の下でなしたであろう理解に従って解釈される。

考慮すべき事情　CISG によれば、当事者の意図または合理的な者がしたであろう理解を決定するに当たっては、交渉経過、当事者が当事者間で確立させている慣行、慣習および当事者の事後の行為を含め関連する一切の状況が適切に考慮されるべきである。

2　契約の成立

(1) 契約の申込

申込の要件　1 人以上の特定の者に向けられた契約締結の申入れは、それが十分確定的であり、かつ承諾があった場合には拘束されるとの申込者の意思が示されているときは、申込となる。申入れは、物品を示し、かつ明示もしくは黙示に数量および代金を定め、またはその決定方法を規定している場合には、十分明確なものとする。不特定の者に向けられた申入れは、申込の単なる誘引とみなされるべきである。ただし、申入れをした者が異なった意向を明瞭に示している場合はこの限りでない。もっとも、契約が有効に締結されている場合には、代金条項は申込の要件ではなく、未定の代金条項について、契約締結時における同種物品の一般的代金に暗黙の言及がなされているとの補充規定が定められている。コモンローの原則に従い、CISG において、申込は被申込者に到達した時に効力を生ずる。CISG は、申込の到達前に申込を中止することと到達後に申込を撤回することを区別しており、申込は、たとえ撤回不能なものであっても、申込の到達前またはそれと同時に中止の通知が被申込者に到達するときには、中止することができる。

申込の撤回と拒絶　申込の効力が生じた後、コモンローの原則に従い、CISG において、契約が締結されるまでは、申込は、被申込者が承諾を発する前に撤回が被申込者に到達する場合には、撤回することができる。しかしながら、次のいずれかに該当する場合には申込を撤回することはできない。①申込が、承諾のための一定期間の設定等により、撤回不能であることを示している場合。②被申込者が、申込を撤回不能であると信頼したことが合理的であり、かつ被申込者がその申込を信頼して行動していた場合。この考え方は、到達した申込は少なくとも合理的な期間は拘束力があり、撤回不能であるとする大陸法的な考え方と、申込は出発点から拘束力がないとするコモンローの考え方との妥協を示している。

　申込が撤回不能であることの表示は、まず確定申込のようなその旨の申込者による明示の言明によるのが最も明瞭であるが、申込者のその他の言明や行為から推測することも可能である。一定の承諾期間の設定は、それ自身で撤回不能である申込の黙示の表示になることも可能であるが、必ずしもそうなるわけではない。その答えは個別のケースにおける契約の解釈の問題であるが、一般的に、承諾期間の設定は撤回不能を示すものと考えられる法制度の下で申込者が営業を行っている場合には、申込者は撤回不能の申込を意図していると推定される。反対に、承諾期間の設定は撤回不能であることを示すのに十分でないとする法制度の下で申込者が営業を行っている場合には、申込者は通常そのような意図をもっていないとみなされる。被申込者の信頼は、申込者の行為または申込自身の性質によって誘引される。被申込者が申込を信頼して行った行為としては、生産の準備、資材や機器の購買または賃借、費用負担などがありうる。もっとも、それらの行為が当該取引において通常のものとみなされる、または申込者によって予見もしくは知られたものでなければならない。申込は、拒絶の通知が申込者に到達した時、または申込に定める承諾期間が満了した時に効力を失う。明示の拒絶がない場合には、被申込者の言明や行為は、被申込者が申込を承諾する意思をもっ

ていないという申込者の確信を正当化するようなものでなければならない。可能な代替策があるかどうかを単に尋ねるような被申込者の返事は、そのような確信を正当化するには通常不十分である。

(2) 申込の承諾

承諾の様式　承諾は、被申込者の同意を示す陳述その他の行為よりなる。CISG は、被申込者に返事を求める一般的義務を課してはおらず、沈黙または反応のないことはそれだけでは承諾とみなされることはない。したがって、被申込者は沈黙以上の行為をすることを要求されており、申込者は、沈黙を被申込者の同意を示すものとして取り扱うと事前に述べるだけでは、被申込者を拘束することはできない。承諾は、同意の意思表示が申込者に到達した時に効力を生ずるが、CISG は、承諾の効力発生時期について到達主義をとり、通信伝達上のリスクを被申込者に負わせている。単なる行為による承諾は、その通知が申込者に到達したときにのみ効力を生ずるのが原則である。しかしながら、その例外として、CISG によれば、申込に基づき、または当事者間で確立された慣行もしくは慣習の結果として、被申込者が申込者への通知をすることなく、物品の発送に関する行為や代金の支払い等の行為を行うことにより同意を示すことができる場合には、その行為が行われた時に承諾としての効力が生ずる。承諾は、中止の通知が承諾の効力が生ずる以前に申込者に到達する場合には、中止することができる。

承諾期間と遅延した承諾　同意の意思表示は、申込者の定めた期間内に申込者に到達しないとき、また期間の定めがない場合においては、申込者が用いた通信手段の迅速性を含め取引の状況を十分に勘案した合理的な期間内に到達しないとき、承諾は効力を生じない。口頭による申込は、特段の事情がある場合を除き直ちに承諾されなければならない。

　なお、申込の承諾期間の計算方法に関して、発信主義を原則とするが、瞬時的通信方法の場合は到達主義をとる。CISG によれば、遅延し

た承諾といえども、申込者が、不当に遅滞することなく、被申込者にこれを有効なものとして扱うことを伝えるか、またはその旨の通知を与えた場合には、承諾として有効である。遅延した承諾を含む手紙その他の書面が、通信が通常であれば適切な時期に申込者に到達したであろう状況の下で発信されたことを示しているときには、申込者が不当に遅滞することなく、申込はすでに失効したものとして扱う旨を被申込者に口頭で通告するか、またはその旨の通知を発しない限り、遅延した承諾も承諾として有効である。

変更を含む承諾　承諾と称してなされているが、付加、制限その他の変更を含んでいる申込に対する回答は、申込の拒絶であり、反対申込となる。しかしながら、承諾と称してなされた申込に対する回答が、付加的条件や異なった条件を含んでいても、申込の内容を実質的に変更するものでない場合には、申込者が不当に遅滞することなくその齟齬に口頭で異議を述べ、またはその旨の通知を発しない限り承諾となる。申込者が異議を述べない場合には、契約の内容は申込の内容に承諾中に含まれた修正を加えたものとする。承諾は申込のミラー・イメージ（鏡像）でなければならないとする原則は、申込と承諾の間の重要でない齟齬さえも、いずれかの当事者が後になって契約の存在を疑問視することを可能とする。

　何が実質的な変更となるかは、抽象的に決定することはできないが、各ケースの状況いかんによっている。支払いの価格や仕方、非金銭的義務の履行の場所と時期、一方当事者の他方に対する責任の程度または紛争解決は、申込の実質的変更となるのが通常であるが、必ずしもそうなるわけではない。この点において考慮すべき重要な要素は、付加的条項や異なる条項が当該取引分野において共通に用いられているかどうか、そして申込者にとって不意打ちとならないかどうかである。実質的な条項とは何かについて、CISG のようなリストを掲げることも考えられる。すなわち、「付加的または異なる条項であって、とくに代金、支払い、物品の品質または数量、引渡しの場所および時期、一方当事者の相

手方に対する責任の限度、または紛争の解決に関するものは、申込の条項を実質的に変更するものとみなされる」。このように規定すると、ほとんどすべての変更はこれらの条項にかかわり、実質的ではない変更を想像することは困難である。

変更条項　書面による契約中に、合意による変更または解消は特定の方式によるべき旨の条項が含まれるときには、その他の方法で合意により変更または解消することはできない。

3　契約の内容

(1)　履行の質など

　CISG は、売主の物品の契約適合性に関する義務について次のように定めている。売主は、契約で定めた数量、品質および記述に適合し、かつ契約で定める方法に従って容器に収められまたは包装された物品を引き渡す義務を負っている。品質および記述に関する黙示の義務については次のように定められる。①物品は、通常使用される目的に適合していなければならない。国際売買における買主は、たとえ契約が明示していなくても、物品がある一定の基本的な品質を有することを期待する権利があり、したがって、少なくとも通常の使用目的に適するとの期待をもつ権利があるといえる。②物品は、契約締結時に売主に明示または黙示に知らされていた特定の目的に適合していなければならない。ただし、買主が売主の技量または判断に依存しなかった場合または依存することが不合理であった場合を除く。上記2つの義務は重なり合うことが多く、このただし書きの合理的信頼の有無という要件は、売主の義務違反が成立する限り、必ずしも絶対的な要件というわけではない。③物品は、見本またはひな型として示した物品の品質を有していなければならない。この場合見本・ひな型は、契約で明示的に定めた記述と同じ機能を果たすことになる。④物品は、保存または保護に適切な方法で容器に収められまたは包装されていることが要求される。もっとも、契約締結時に買主が物品の不適合を知りまたは知らないはずはありえなかった場

合には、売主はその不適合について責任を負わない。売主は、リスクが買主に移転した時に存在した不適合について責任を負う。たとえその不適合がその後になってはじめて判明した場合でも、売主が責任を負うのはリスク移転時以前に存在した不適合についてだけである。もっとも、その不適合が売主の義務違反に起因する場合には、売主はリスク移転後の不適合について責任を負わなければならない。不適合は、権原および書類における欠陥も対象とする。買主は、状況に応じ実際上可能な限り短い期間の内に、物品を検査しまたは検査させなければならない。契約が物品の運送を予定する場合、また運送中の物品の仕向地を変更し、または物品を転送した場合においては、検査は、物品が仕向地に到着した後まで延期できる。買主の検査の時期のみが定められており、検査の程度には言及されていない。しかし、要求される検査は、状況に応じて合理的なものであり、すべての可能な欠陥を発見することまで要求するものではないと解される。

(2) 買主の権利

　買主の救済に対する権利は、適合しない物品を善意で引き渡した売主に対して、少なくとも時宜を得た適切な契約違反の通知をすることを条件として与えられている。すなわち、買主が、物品の不適合を発見しまたは発見すべきであった時から合理的な期間内に、売主に対し不適合の性質を明確にした通知を与えない場合には、買主は物品の不適合に基づいて援用しうる権利をすべて失うことになる。これらの権利とは、損害賠償請求権、履行請求権、代替品の引渡請求権、欠陥品の修理請求権、履行のための付加期間の付与の権利、契約解除権、代金減額請求権等である。しかも、いかなる場合においても、物品が買主に現実に送付された日から2年以内に通知がなされないときには、買主は上記の権利を失うのであり、2年間の期間制限が定められている。発展途上国における買主は、複雑な機器の検査を外部の専門家に頼まざるをえないなど検査に時間がかかる、あるいは長い間欠陥を発見できないことがある。一

方で売主の利益の保護を図る必要がある。売主が物品の不適合を知っており、それを買主に明らかにしなかった場合には、買主は物品を検査しなかった、あるいは不適合の通知を売主に与えなかったとしても、その権利を留保できることになる。買主は、定められた通知を行わなかったことについて合理的な説明を与えることができる場合には、代金を減額し、またはうべかりし利益の喪失を除く損害の賠償を請求することができる。しかし、このようにして許容された買主の権利は限定されたものであり、期間制限は影響を受けることはないのである。

4　価　　格

CISG によれば、契約が有効に締結されているが、明示もしくは黙示により代金を定めていないか、またはその決定方法を規定していないときは、当事者は、別段の事情がない限り、契約締結時にその取引と対比しうる状況の下で売却されていた同種の物品につき一般的に請求されていた代金に暗黙の言及をしているものとみなされる。

5　その他の当事者の義務

CISG は、物品売買に特有の売主・買主の義務を以下のように定めている。

①　売主の物品引渡しの義務等

売主は、物品を引き渡し、それに関する書類を交付し、かつ物品上の権原を移転しなければならない。物品の引渡しに付随する義務として、売主は、物品が特定されていない場合における特定の通知、運送契約の締結および保険契約に関する情報の提供をしなければならない。売主は、契約の定めるところに従い物品に関する書類の送付義務を負っており、契約で定められた交付の時期までは交付した書類の不適合を治癒することができる。

②　買主の物品受領の義務

買主は、売主による引渡しを可能にするため買主に合理的に期待され

るすべての行為を行い、物品を引き取らなければならない。

③ 第三者の権利・請求に対する売主の担保責任

CISG は物品の売買に特有の知的財産権にからむ問題について次のような規定を定めている。売主は、第三者の権利または請求から自由な物品を引き渡さなければならない。したがって、売主は第三者からの権利主張、請求または訴訟に対応する責任があり、第三者による潜在的な訴訟から買主を保護するためである。国際物品売買では、知的財産権の侵害問題は、売主の直接の販売地域の外で生じることが多いからである。すなわち、第三者の権利・請求が知的財産権に基づくかどうかを判断する法が、物品が転売もしくは使用される国の法、または買主が営業所をもつ国の法に限定されている。さらに、買主が契約締結時においてその権利・請求を知りまたは知らないはずはありえなかった場合、またはその権利・請求が買主の提供した技術図面、デザイン、処方その他の規格に従った結果生じた場合には、そのような義務は生じない。前述の物品不適合の場合におけると同様に、第三者の権利・請求について買主の通知義務があること、その通知を与えない場合に買主の権利が喪失すること、および売主が第三者の権利・請求を知っていた場合に通知を与えない売主は売主の権利が喪失すること、さらに通知懈怠の合理的説明がある場合における買主の救済が定められている。

6 契約の履行・不履行

(1) 履行期・履行地

履行期

CISG において、売主は、契約に定める期日、期間内のいずれかの日または契約締結後の合理的期間内に、物品を引き渡さなければならない。代金の支払時期については、契約に特定の時期が定められていない場合、買主の代金支払いと書類引渡しは同時履行の関係に置かれる。

履行地

CISG における物品の引渡場所については、規定が設けられているが、実際の国際売買契約で CISG のルールが

適用されることは少ない。引渡場所の正確な区分とこれに応じた当事者の義務がインコタームズによりルール化されている。代金支払いの場所は、国際売買において外国為替管理や支払義務にかかわる紛争の管轄権の問題にとって重要であるが、契約に特定の場所が定められていない場合には、売主の営業所または物品もしくは書類が引き渡される場所である。

(2) 契約の不履行一般

(a) 履行の確保

不履行の治癒　CISG は、物品の引渡期日前と引渡期日後に分けて不履行の治癒を定めている。売主が、引渡期日前に物品を引き渡した場合には、その期日まで、買主に不合理な不便または不合理な出費をもたらさない限り、欠けている部分を引き渡しもしくは数量の不足を補い、または引き渡された不適合の物品を取り換えもしくは引き渡された物品における不適合を治癒することができる。ただし、この CISG に定められた損害賠償を請求する権利を失うことはない。売主は、引渡時期日後であっても、不合理な遅滞を招くことなく、かつ買主に不合理な不便または買主の前払費用につき売主から償還を受けるについて買主に不安を生ずることなくなしうる場合には、自己の費用によりその債務のあらゆる不履行を治癒することができる。ただし、この CISG に定められた損害賠償を請求する権利を失わない。売主が買主に対して履行を受け入れるか否かにつき知らせるよう要請し、買主が合理的な期間内にその要請に従わないときには、売主は、要請の中で示した期間内に履行することができる。この期間中、買主は、売主による履行と両立しない救済を求めることができない。

履行のための付加期間　物品の引渡しが遅れている場合、その遅れがどの程度になれば重大な契約違反となるかどうかは定かではない。そこで、CISG によれば、売主による義務の履行のために、合理的な長さの付加期間を定めることができるとし、売

主がこの付加期間内に物品を引き渡さない、または引渡しをしない旨宣言した場合には、その契約違反が重大かどうかにかかわりなく、買主は契約を解除することができることになる。したがって、引渡しの遅滞の場合における付加期間の経過は、それに続く買主による解除を正当化する根拠となっている。この付加期間は売主のいかなる義務にも適用できるようにみえるが、実際には物品の引渡しの不履行の場合にのみ適用されるにすぎない。買主は、その期間内に履行しない旨の通知を売主から受け取った場合でない限り、その期間中契約違反についてのいかなる救済をも求めることはできない。ただし、買主は履行の遅滞について損害賠償を請求する権利を失うことはない。売主もまた、買主による義務の履行のために、合理的な長さの付加期間を定めることができる。そして買主が、その付加期間内に代金を支払わずもしくは物品を受領せず、またはその期間内に履行をしない旨宣言する場合には、その契約違反が重大かどうかにかかわりなく、売主は契約を解除することができる。売主は、その期間内に履行しない旨の通知を受け取った場合でない限り、その期間中契約違反についてのいかなる救済をも求めることができない。ただし、売主は履行の遅滞について損害賠償を請求する権利を失うことはない。

(b) 不 可 抗 力

　当事者は、自己のいずれかの義務の不履行が自己の支配を超えた障害によるものであり、かつその障害を契約締結時に考慮に入れておくことも、その障害もしくはその結果を回避または克服することも合理的に期待しうるものではなかったことを証明したときは、その不履行に対して責任を負わない。不履行に対する責任は、契約によりいかようにも定めることができるのが原則である。すなわち、契約は、例外のない絶対責任を定めることも、過失にのみ基づく責任基準（過失主義）を定めることも可能である。不履行の免責を求める売主は、次の3つの要件を満たしていることを立証する責任を負っている。第1に、売主は、その支配を超えた障害の存在を明らかにしなければならない。しかし、支配

を超えたという条件を満たすことは実際には相当に厳しい。合理的な商人というものは、自己のビジネス上および金銭的な条件を支配しているとみなされているからである。第 2 に、売主は、契約締結時にその障害を考慮に入れておくことが合理的に期待しうるものではなかったことを明らかにしなければならない。これもまた非常に難しい証明である。ほとんどすべての潜在的な障害は、ある程度予見しうるものといえる。今日のビジネスの環境においては、戦争、革命やテロのような最も厳しい障害であってもますます予見しうるものとなっているからである。第 3 に、売主は、その障害もしくはその結果を回避または克服することが合理的に期待しうるものではなかったことを明らかにしなければならない。この要件も売主に対し包括的な義務を課するものである。結局のところ、売主の観点からは自らの利益をよりよく保護するためには、もっと緩い条件の不可抗力条項を工夫して契約に織り込む以外にないと考えられる。売主が契約の全部または一部を履行するために第三者を使った場合に、売主がそのような第三者の不履行によって生じた自らの不履行についての責任を免れるためには、売主は、売主自身が履行に対してその支配を超えた障害を予見し回避することができなかったこと、およびその障害は当該第三者にとっても予見・回避することができず、その支配を超えていたことを証明しなければならない。不可抗力による免責は、障害が存在する期間のみ効力を有するにすぎない。また、この条約に基づく損害賠償請求以外の権利を行使することを妨げない。免責の効果は、義務の不履行により生ずる損害賠償責任のみが免除されるのであり、その他の救済は影響がない。不履行に陥った売主は、障害および自己の履行能力への影響について、障害を知りまたは知るべきであった時から合理的な期間内に、買主に通知を与えなければならない。以上の売主による不履行の免責に関する定めは、買主の不履行についても同様に適用される。もっとも、買主の主たる義務である代金支払いに関して、支払不能はそれがたとえ障害による不履行に該当すると分類されたとしても、買主はそれを合理的に考慮し、予見しうるものであるとみなされ

ている。なお、当事者は、相手方の不履行が自己の作為または不作為の
結果として生じている限り、その不履行を主張することはできない。

(3) 履行請求権

相手方に対する履行請求権　買主は、売主に対してその義務の履行
を要求することができる。ただし、買
主がこの要求と両立しない救済を求めている場合はこの限りではない。
一方、売主は、買主に対して代金の支払い、引渡しの受領、その他の買
主の義務の履行を要求することができる。ただし、売主がその要求と両
立しない救済を求めている場合はこの限りではない。もっとも、売主
は、買主が物品の引渡しの受領を遅滞した場合、または代金の支払いと
物品の引渡しが同時に履行されるべきときで、買主が代金の支払いを
怠った場合において、売主が物品を占有しまたはその他の方法により
の処分を支配できるときは、その物品につきその状況下で合理的な保存
措置をとらなければならない。売主は、買主からその合理的費用の償還
を受けるまでその物品を留置することができる。また、物品を保存しな
ければならない売主は、なんらかの適当な方法で物品を売却することが
できる。ただし、買主に対して、売却の意図につき合理的な通知が与え
られることを条件とする。

　CISG は英米法の考え方との妥協を図っている。当事者がこのような
CISG の規定に従って相手方当事者の義務の履行を要求することができ
る場合であっても、裁判所は、この CISG の適用のない類似の売買契約
についてそれ自身の法の下で同様の判決をする場合でなければ、特定履
行を命ずる判決を与える必要はないとされる。CISG において、前述し
たように売主の義務である物品の引渡しは、売主の契約違反が履行全部
の不履行に至る場合に要求される。この場合、市況が変化した後も履行
を強制すると、買主に不当な利得の機会を許すことになるので、買主に
損害軽減義務が適用されるべきと考えられる。この損害軽減義務は、買
主による履行請求に対する事実上の制約となる。物品が契約に適合して

いない場合には、買主は代替品の引渡しを要求することができる。ただし、その不適合が重大な契約違反を構成し、かつその要求が、物品の不適合を発見しまたは発見すべきであった時から合理的期間内になされたときに限る。このような代替品の引き渡しは、売主に厳しい金銭的負担を課すことになるので、重大な契約違反に対してのみ適用されるべきであり、買主は、代替品の引き渡しを請求するか、契約を解除するかの選択をしなければならない。一方、買主は、すでに受け取った物品を返還しなければならないが、買主が物品を受け取った当時と実質的に同じ状態でその物品を返還できないときには、買主は売主に代替品を要求する権利を失うことになる。

不完全な履行に対する請求権　CISG によれば、物品が契約に適合していない場合において、すべての状況からみて不合理でないときは、買主は売主に対してその不適合を修理により治癒することを要求できる。修理の要求は、不適合の通知の下での通知の際またはその後合理的な期間内になされなければならない。適合する物品を引き渡す義務のどのような違反であっても、買主はかかる治癒を要求できるが、その治癒がすべての状況からみて不合理であるときには、売主は治癒に応ずる必要はない。

7　契約の解除

(1)　契約を解除する権利

重大な不履行　買主は、契約もしくはこの CISG に基づく売主の義務のいずれかの不履行が重大な契約違反となる場合、または引渡しの不履行の場合であって、買主が定めた付加期間内に、売主が物品を引き渡さない場合もしくは売主がその期間内に引渡しをしない旨を宣言した場合には、契約の解除を宣言することができる。CISG では「重大な契約違反」の定義規定が置かれている。すなわち、当事者の一方による契約違反は、その契約の下で相手方が期待するのが当然であったものを実質的に奪うような不都合な結果をもたらす場合に

は、重大なものとする。ただし、違反をした当事者がそのような結果を予見せず、かつ同じ状況の下で同じ部類に属する合理的な者も予見しなかった場合はこの限りでないとされる。

解除の通知　CISG では、売主が物品をすでに引き渡しているときは、解除権行使の時間的制限が定められている。買主は、遅延した引渡しについてはその引渡し後合理的期間内に、不適合な物品についてはその違反を知りまたは知るべきであった時から合理的期間内に、その他の場合には付加期間等の経過後合理的期間内に、解除の宣言をしなければならない。買主が代金をすでに支払っているときには、解除権行使の時間的制限が定められている。売主は、買主による遅延した履行については売主がその履行のなされたことを知る前に、その他の違反については売主がその違反を知りもしくは知るべきであった時からまたは付加期間等の経過後合理的期間内に、解除の宣言をしなければならない。

(2) 履行期前の不履行と適切な履行の相当な保証

履行期前の不履行　CISG において、当事者の一方が重大な契約違反を犯すことが契約の履行期日前に明瞭である場合には、相手方当事者は契約の解除を宣言することができる。しかしながら、時間が許す場合には、契約の解除を宣言しようとする当事者は、相手方がその履行につき適切な保証を提供しうる機会を与えるため、合理的な通知を与えなければならない。ただし、この要件は、相手方がその義務を履行しない旨を宣言している場合には適用しない。

相当な保証　当事者の不履行が重大な契約違反に至るほどの場合における保証提供の問題であるが、さらに、全面的に履行しないことが明らかになるほどまでに至らなくても、そのおそれが著しい場合にも、被害当事者である相手方の履行の停止とともに、不履行となる当事者に保証提供の機会を与えている。契約締結後に、次に掲げるいずれかの事由により、相手方がその義務の重要な部分を履行しない

ことが判明した場合には、当事者は自己の義務の履行を停止することができる。すなわち、相手方の履行能力またはその信用状態の著しい劣悪、または契約履行の準備もしくはその履行における相手方の行動。しかも、このような事由が明らかになる前に、売主が、物品をすでに発送している場合には、たとえ物品を取得しうる証券が買主の手元にあるときでも、売主は物品が買主に交付されるのを妨げることができる。物品の発送後か否かにかかわらず、履行を停止した当事者は、相手方に対して履行を停止した旨を直ちに通知し、かつ相手方がその履行につき相当な保証を提供したときは、履行を継続しなければならない。

(3) 解除の一般的効果と原状回復

解除の一般的効果　CISG において、契約の解除は、両当事者を契約上の義務から解放する。解除は、契約中の紛争解決のための条項や契約の解除があった場合の当事者の権利義務を規定するその他の契約条項には影響を及ぼさない。

原状回復　契約の全体もしくはその一部をすでに履行している当事者は、相手方に対して、自己がその契約の下ですでに供給しまたは支払ったものの返還を請求することができる。当事者双方が返還しなければならない場合には、それらの履行は同時に行われなければならない。買主が物品を受け取った当時と実質的に同等の状態でその物品を返還できない場合には、買主は、契約の解除をする権利や売主に代替品の引渡しを要求する権利を失う。ただし、これは、次の場合には適用しない。物品を返還できないことや物品を受け取った当時と実質的に同等の状態でそれを返還できないことが買主の作為または不作為によるものでない場合、物品もしくはその一部が、物品の検査に規定する検査の結果として毀滅または劣化した場合、または買主が不適合を発見もしくは発見すべきであった時より前に、物品もしくはその一部が通常の営業過程で買主により売却されまたは通常の用法で消費もしくは改変された場合。もっとも、契約の解除を宣言する権利や売主に代替品の引

渡しを要求する権利を失った買主といえども、契約およびこの CISG に基づくすべての他の救済を求める権利は保持する。

代金減額　物品が契約に適合していない場合には、代金がすでに支払われていると否とにかかわらず、現実に引き渡された物品の引渡しの際の価値が契約に適合する物品ならばその時に有していた価値に対する割合に応じて、買主は代金を減額することができる。ただし、売主が不適合の治癒または不履行の治癒に従ってその義務の不履行を治癒した場合やそれらの規定に従った売主による履行の受入れを買主が拒絶した場合には、買主は代金を減額することができない。この買主の権利は、損害賠償請求権ではなく、買主に生じた経済的損失の有無にかかわらず行使することができる。もっとも、代金減額権の行使によっても買主に損害が残っている場合には、買主は別に損害賠償の問題として請求することができると考えられる。ところで、この考え方が実際に適用される範囲はそれほど広くはない。買主が物品を受領し、欠陥品を保持している場合または対象物品の一部を受領している場合に適用があり、例えば、物品の価格が上昇している場合には、買主は、代金減額ではなく、むしろ直接、損害賠償の範囲に基づく損害賠償を請求することを選ぶのが通常である。

8　損 害 賠 償

(1) 損害賠償請求権

損害賠償を請求する権利　CISG の基礎概念として、コモンローの無過失責任の考え方が採用されている。CISG においては、救済方法一般は、単に売主の契約違反に対するさまざまな救済方法を列挙しているのではなく、買主の損害賠償請求権の源を示している。買主は、売主のいかなる契約違反に対しても損害賠償を請求することができるのであって、損害賠償そのものは、責任の程度、つまり損害賠償額の算定に関する規定にすぎず、CISG の損害賠償責任の基礎が契約違反そのものであるという無過失責任の原則を表明してい

ると考えられる。例外的な場合には、契約当事者は、不履行が予見不可能でかつ避けることが不可能な状況においてはその履行義務が免除されることがある。救済方法一般も同様に売主の損害賠償請求権の源を示している。買主のいかなる義務の不履行も売主に契約違反に対する損害賠償を請求する権利を与えるのである。

損害賠償の一般原則　一方の当事者の契約違反に対する損害賠償は、うべかりし利益の喪失も含め、その違反の結果相手方が被った損失に等しい額とする。この損害賠償は、違反をした当事者が契約締結時に知りまたは知るべきであった事実および事項に照らし、契約違反から生じうる結果として契約締結時に予見しまたは予見すべきであった損失を超えることはできない。

(2) 損害賠償請求の要件と証明

(a) 損害の予見可能性

損失は、契約違反の結果起こりうるものとして違反当事者により予見しうるものであったことが要求される。また、喪失利益に対する賠償についても、当事者の損害軽減義務の範囲や管轄裁判所が適用する立証基準によってその額が削減される、あるいは賠償自体が否定されることもしばしばである。

(b) 損害の証明

代替取引における損害の証明　契約が解除された場合において、合理的な方法で、かつ解除後合理的な期間内に、買主が代替品を購入し、または売主が物品を再売却したときは、損害賠償を請求する当事者は、契約代金と代替取引における代金との差額およびさらにそれ以上の損害があるときは損害賠償を請求することができる。この考え方の利点は、買主による再購入の場合、損害を被った買主による再購入自体が損害を確証しており、物品の時価ないし市価を立証する必要がないことである。理論的には買主に代替品購入の義務はないが、契約を解除して合理的な代替品購入の手当をしない買主

については、何もしないで被害を軽減しなかった損失に対する賠償は否定されることになる。一方、売主による再販売の場合、この代替取引によって得られた再販売代金が契約代金と同等以上に高いものであるときには、損失は生じなかったことになる。また、売主自身の供給が売主に対する需要を超えているときは、そもそも再販売による代替取引というものが起こりえなかったことになり、このような場合における損失は買主の違反による直接的な損失として対象となる。

時価による損害の証明 CISGによれば、契約が解除された場合において物品に時価があるときで、損害賠償を請求する当事者が購入または再売却を行っていないときは、その当事者は契約で定められた代金と解除時における時価との差額およびさらにそれ以上の損害があるときは損害賠償を請求することができる。ただし、損害賠償を請求する当事者が物品を引き取った後に契約を解除したときは、解除時における時価に代えて物品を引き取った時における時価を適用する。時価とは、物品の引渡しがなされるべきであった場所における支配的な価格とする。ただし、その場所に時価がない場合には、合理的な代替として資する他の場所における価格を時価とし、物品の運送費用の差を適切に加味する。

(3) 被害当事者の損害軽減義務

CISGにおいて、損失を避ける合理的な方法をとらなかった当事者は、軽減することができたであろう損失による損害を回復することができない。すなわち、契約違反を主張しようとする当事者は、うべかりし利益の喪失も含め、違反から生ずる損失を軽減するためその状況下で合理的な措置をとらなければならない。当事者がかかる措置をとることを怠った場合には、違反をしている相手方は、損害賠償から、軽減されるべきであった損失額の減額を請求することができる。

第 2 章

コーポレートガバナンス・
システムの構築

1　アメリカ型コーポレートガバナンス

　アメリカにおいて、監査委員会は、1939 年ニューヨーク証券取引所によって初めて推奨されて以来、公開会社のコーポレートガバナンスに共通の構成要素となっている。その役割は、会社の財務的な報告プロセスおよび内部統制の監督者として機能することである。監査委員会は、3 名から 5 名の独立した取締役から構成されるのが典型である。さらに、監査委員会は、独立取締役によってのみ構成されるべきとされる。ニューヨーク証券取引所は、上場会社の監査委員会のメンバーは、マネジメントから独立しており、かつ委員会のメンバーとしての独立した判断の遂行に介入するような関係からは自由であるべきことを要求している。

　したがって、会社によって雇用される取締役は、独立取締役の資格がなく、会社と重要なビジネス取引を行う取締役、専門的なアドバイザー、弁護士やコンサルタントとして会社のために定常的に働く取締役もまた独立取締役の資格を欠くのが通常であるということになる。ニューヨーク証券取引所は、従来は社外取締役 2 名以上で構成する監査委員会の設置を要求しているにすぎなかったが、2002 年 6 月 6 日コーポレートガバナンスの強化策として新たな上場基準案を公表し、8 月 1 日理事会は新しいコーポレートガバナンス規則案として採択した。これによれば、上場会社の取締役の過半数は独立取締役でなければなら

ず、独立であるためには、当該取締役は会社と「重要な関係」をもっていないことが要求される。重要な関係には、とりわけ商業、産業、銀行、コンサルティング、法務、会計、慈善および家族上の関係が含まれる。さらに、会社またはその外部監査人の元従業員等の関係にある者は 5 年間のクーリングオフが必要である。上場会社は、指名・コーポレートガバナンス委員会および報酬委員会をもたなければならず、それぞれの委員会はすべて独立取締役によって構成される。監査委員会のメンバーについては、3 人以上の独立取締役による構成、そのメンバーの財務諸表を理解する能力および少なくともメンバーの 1 人は会計ないし財務管理の知見を有する者という従来の要求に加えて、取締役としての報酬はメンバーが会社から受け取る唯一の報酬であることが要求される。監査委員会の権限と責任の強化については、監査委員会は独立の外部監査人を雇用・解雇し、それらとの重要な非監査業務関係を承認することができる。

　エンロンの破綻に端を発しワールドコムの破綻で頂点に達した、アメリカ企業の不正事件の再発防止とアメリカ資本主義の再生を目的として、企業改革法といわれるサーベンス・オクスレー法が制定され、2002 年 7 月 30 日に施行された。本法の主たる内容は、①最高経営責任者（CEO）・最高財務責任者（CFO）の義務、②情報開示の強化、③監査委員会、④外部監査人の独立と監督、⑤罰則の強化、に分けられる。監査委員会の構成と権限について、サーベンス・オクスレー法は以下のように定める。証券取引委員会（SEC）は、ニューヨーク証券取引所他が上場会社に対して上場基準を通じて以下のことを要求し、これらの要求に従わない企業の上場を禁止する権限が与えられる。①監査委員会は、独立の取締役によってのみ構成される。独立であるためには、当該会社からコンサルティング、アドバイザリーもしくはその他の報酬を受け取っていないこと、または当該会社もしくはその子会社の関係者でないことが要求される。②監査委員会は、外部監査人の指名、報酬および監督（財務報告に関するマネジメントと外部監査人との間の不一致の解決を

含む）に直接の責任を負う、そして外部監査人は監査委員会に対して直接報告する。③監査委員会は、会計・内部的会計統制・監査問題に関する苦情を扱う手続および従業員の内部告発者が会計・監査問題に関して秘密に匿名で疑いを提起する手続を定める。④監査委員会は、その義務を遂行するために必要と決定するとき、独立のカウンセル（弁護士）およびその他のアドバイザーを起用する権限を有する。⑤監査委員会は、外部監査人および監査委員会によって起用されたアドバイザー等に対する適切な報酬を決定する。また、SEC は、監査委員会がそのメンバーに少なくとも 1 名の財務専門家を含むかどうか、そうでなければその理由を開示するよう要求する規則を定める。このような規定によって、監査委員会は、直接的に外部監査人に対して監視権限を行使することが明確になり、外部監査人も経営陣から独立して業務を遂行することが可能になると考えられる。監査委員会の義務として、以下のような項目が具体的に挙げられている。

　①外部会計監査人の候補者の推薦およびその関係の解消の勧告。②外部会計監査人の報酬、採用条件およびその独立性の吟味。③上級内部監査人の指名および交替の検討。④外部会計監査人と取締役会、および上級内部監査人と取締役会との間の意思疎通チャンネルとしての機能。⑤外部監査の結果の吟味。これには外部会計監査人の意見の適格性、マネジメント・レター、監査に関して外部会計監査人によってなされた勧告に対するマネジメントの対応、ならびに内部監査部門によって監査委員会に提出された報告書およびこれに対するマネジメントの対応が含まれる。⑥年次財務諸表およびそれら財務諸表の作成に関するマネジメントと外部会計監査人との間の重大な係争についての吟味。⑦外部会計監査人および上級内部監査人との協議による、会社の内部的な財務的統制の適切さの検討。⑧財務諸表の作成においてとられた適切な監査および会計原則・慣行における重大な変更およびその他重大な選択問題。⑨公表財務諸表およびマネジメントの注釈の作成に用いられた手続の吟味。⑩会社の財政的なリスクを検討するためのマネジメントとの定期的な会

談。

　アメリカにおいては、2001 年 12 月、エネルギー商社エンロンの破綻
は、違法な会計処理、不透明な情報開示、コーポレートガバナンスの機
能不全など大きな衝撃をマーケットに与え、以後一連の企業経営に対す
る不信の深刻化と改革への迅速な対応の契機となった。エンロンは、
コーポレートガバナンスについて、著名な社外取締役陣に加えて、情報
公開、透明性や遵法性など高い評価を受けていたが、その取締役会は経
営を監視する機能を果たさなかったと批判されている。結局のところ、
アメリカ企業においてはよきコーポレートガバナンスが存在するように
みえても、CEO の力がきわめて強いのが現実であり、コーポレートガ
バナンスの仕組みや器をつくるだけでは不十分であることが明らかに
なったとされる。

　このようなアメリカ型コーポレートガバナンスの機能不全の現実に対
しては、アメリカは、上記のサーベンス・オクスレー法による多様な規
制強化、つまり自主的な情報開示から規制当局による命令システムへの
移行と定期的な開示から事実上の継続的な開示への制度変更を中心とし
た規制強化によって対応している。

2　日本型コーポレートガバナンス

　わが国においては、2002 年 5 月に成立した改正商法（2003 年 4 月施
行）は、大企業がアメリカ型の統治形態への移行を選択できる制度を導
入した。「委員会等設置会社」と呼ばれる形態では、監査役制度を廃止
する代わりに、社外取締役が過半数を占める監査、報酬、指名の各委員
会を設置する。さらに、2014 年改正会社法により、監査等委員会設置
会社が導入された（上記の委員会等設置会社は指名委員会等設置会社と呼ば
れる）。この形態は、伝統的な監査役会設置会社と指名委員会等設置会
社との中間的な形態である。日本の大企業は、それぞれの経営理念と経
営ポリシーに応じて、3 つの統治形態の中から自らに適切な形態を選択
することができる。

コーポレートガバナンス・コード
上場会社に関して、2021 年 6 月改定の金融庁・東京証券取引所の「コーポレートガバナンス・コード」は、独立社外取締役の有効な活用および任意の仕組みの活用を求めている。

本コードにおいて示される規範は、基本原則、原則、補充原則から構成されているが、それらの履行の態様は、例えば、会社の業種、規模、事業特性、機関設計、会社を取り巻く環境等によってさまざまに異なりうる。本コードは、法令とは異なり法的拘束力を有する規範ではなく、その実施に当たっては、いわゆる「コンプライ・オア・エクスプレイン」（原則を実施するか、実施しない場合には、その理由を説明するか）の手法を採用している。

すなわち、本コードの各原則（基本原則・原則・補充原則）の中に、自らの個別事情に照らして実施することが適切でないと考える原則があれば、それを「実施しない理由」を十分説明することにより、一部の原則を実施しないことも想定している。

独立社外取締役は会社の持続的な成長と中小期的な企業価値の向上に寄与するように役割・責任を果たすべきであり、プライム市場上場会社はそのような資質を十分に備えた独立社外取締役を少なくとも 3 分の 1（その他の市場の上場会社においては 2 名）以上選任すべきである。

プライム市場上場会社
また、上記にかかわらず、業種・規模・事業特性・機関設計・会社を取り巻く環境等を総合的に勘案して、過半数の独立社外取締役を選任することが必要と考えるプライム市場上場会社（その他の市場の上場会社においては少なくとも 3 分の 1 以上の独立社外取締役を選任することが必要と考える上場会社）は、十分な人数の独立社外取締役を選任すべきである（原則 4-8）。

上場会社が監査役会設置会社または監査等委員会設置会社であって、独立社外取締役が過半数に達していない場合には、経営陣幹部・取締役の指名（後継者計画を含む）・報酬などに係る取締役会の機能の独立性と客観性や説明責任を強化するため、取締役会の下に独立社外取締役を主

要な構成員とする独立した指名委員会・報酬委員会を設置することにより、指名・報酬などの特に重要な事項に関する検討に当たり、ジェンダー等の多様性やスキルの観点を含め、これらの委員会の適切な関与・助言を得るべきである。特に、プライム市場上場会社は、各委員会の構成員の過半数を独立社外取締役にすることを基本とし、その委員会の構成の独立性に関する考え方・権限・役割等を開示すべきである（補充原則 4-10①）。

3　コーポレートガバナンス形態の強化

(1) 社外取締役の活用

　社外取締役に期待する役割は、アメリカ型コーポレートガバナンスにおいてはマネジメントの監視であり、日本型コーポレートガバナンスにおいては経営についての助言ともいわれ、さらにマネジメントの監視と経営についての助言の両者を期待する場合も多い。いずれの場合においても経営の透明性を確保するという観点から社外取締役の活用を検討しなければならない。社外取締役に期待される第一義的役割は、まずマネジメントの監視であって、このためにはマネジメントからの独立性を確保することが要求される。社外取締役の資格要件として、当該企業ないしマネジメントと利害関係のある者は、法制度的にも実際の指名においても排除されることが原則である。

　社外取締役は文字通り社外から選任されて取締役会のメンバーとなるのであるから、その期待される機能を果たすための条件は、企業内の重要情報にどの程度アクセス能力をもっているか、実際に情報を得ることができるかどうかであり、社外取締役に必要な情報を適時かつ十分に伝える仕組みと運用が必要となる。

　社外取締役制度をコーポレートガバナンスのシステムとして定着させるための制度的および実際的な措置として、①社外取締役を支えるに必要な支援スタッフを配置し、外部の法律家や会計士を雇用する権限を社外取締役に与えること、②内部監査・検査部門からその調査結果や情報

を社外取締役に上げる仕組みを設けることが必要であると考えられる。

(2) 取締役会会長と CEO の分離

アメリカにおいて、CEO に関する根本的な議論として 2 つの問題が提起されている。会長と CEO の分離の問題である。アメリカの大企業では経営トップが取締役会会長兼 CEO の肩書をもつのが一般的であり、CEO と同じ人物がマネジメントを監視する役割を担う取締役会の会長を務めると、取締役会の独立性が損なわれるとの批判が従来からなされていた。エンロン事件に始まる一連の不祥事を契機として、CEO による取締役会会長の兼任はやめるべきだとの提言がなされ、会長と CEO を分離する機運が高まっている。

(3) 内部監査・検査部門の機能

内部監査・検査部門は、企業の組織としてはマネジメントの所管下に置かれるものであるが、社外取締役制度または日本型コーポレートガバナンスにおける監査役制度を補完する組織としても位置づける必要がある。これらの調査結果や情報が定常的に社外取締役や監査役に流れることによって、内部監査・検査部門もまたコーポレートガバナンスのシステムの 1 つとして機能することになる。このような機能を十分に活用するためには、当該部門への適切な人材配置などに十分な配慮が必要である。

4 企業情報の開示規制

前述したサーベンス・オクスレー法は、企業会計不信に対処するために、以下のような方策を講じている。

CEO および CFO は、1934 年証券取引所法に基づく定期報告書において、次のことを認証しなければならない。

(a) CEO の CFO の認証義務

① 署名するオフィサーは報告書をレビューしたこと。

② 　当該オフィサーの知る限りにおいて、記載事項について惑わせないために必要な重要事実の不実記載や未記載が報告書にはないこと。

③ 　当該オフィサーの知る限りにおいて、報告書の財務記載条項およびその他の財務情報が、報告書提出の日付けにおいて財務状況および事業活動の成果をすべての重要な面において公正に示していること。

④ 　署名するオフィサーは、内部統制を確立・維持することに責任を負い、連結子会社を含む会社に関する重要な情報が内部の者によって当該オフィサーに伝達されるように内部統制を設計し、報告書日付け 90 日以内にその内部統制の有効性を評価して、有効性に関する結論を報告書に提示したこと。

⑤ 　署名するオフィサーは、会計監査人および監査委員会に対して、財務データを処理し報告する能力に悪影響を及ぼすような、内部統制の設計および運営におけるすべての著しい欠如を開示し、内部統制における重大な弱点を会計監査人のために指摘し、内部統制において重要な役割を果たすマネジメントや他の従業員にかかわる詐欺行為をその大小にかかわらず開示したこと。

⑥ 　署名するオフィサーは、その評価以後、内部統制および内部統制に重要な影響を及ぼすような他の要素について著しい変化（重大な欠陥や弱点の治癒行為を含む）があったかどうかを開示したこと。

(b) 情報開示の強化

① 　SEC が投資家の保護と公共の利益に必要または有益であると決定する、財務状態または事業活動における重要な変化に関する追加の情報を即時に、明白な英語で開示すること。

② 　一般会計原則および SEC の規則に従って登録会計事務所によって確定されたすべての重要な修正の調整を反映し、財務状態とその変化、事業活動の成果、流動性、資本支出、資本資源または収入もしくは費用の重要な構成要素に対して重大な現在もしくは将来の効

果を及ぼすような、すべての重要な簿外の取引、取決め、債務（偶発債務を含む）およびその他非連結の事業体もしくは人との関係を開示すること。

③　主要財務オフィサーや主要会計オフィサーに適用される、上級財務オフィサーのための倫理基準を採用したかどうか、採用していなければその理由を開示すること。

(c) 外部監査人の独立性と監督

①　監査業務を行う登録会計事務所が、監査と同時に、非監査業務を行うことは違法とされる。非監査業務とは、監査顧客の会計記録または財務諸表に関する記帳他のサービス、財務情報システムの設計と実施、評価・算定サービス、フェアネス・オピニオンや現物出資報告、保険数理サービス、内部監査アウトソーシングサービス、マネジメント機能や人的資源、ブローカー、ディーラー、投資アドバイザーや投資銀行サービス、監査に関係しない法的サービスや専門家サービス等である。

②　すべての監査業務および非監査業務は、監査委員会の事前の承認を得なければならない、そしてこの監査委員会による非監査業務の承認は、投資家に開示されなければならない。

③　監査に主たる責任を負う筆頭監査パートナー、監査をレビューする責任を負う監査パートナーが連続5会計年度以上監査業務を行うことは違法とされる。

さらに、本法は、公開会社の会計監査を監督するために上場会社会計監督機関と呼ばれる新しい機関を設置する。この機関の目的は、一貫した専門家基準を維持、監査業務の質を改善し、会計事務所に関して本法の遵守を確保することである。

5　情報開示によるコーポレートガバナンス

情報開示は、会社という組織において、以下のようなコントロールのプロセスの一部として機能することが考えられる。

①　情報を開示しなければならないという規律は、まず、会社に情報を収集させることに　なり、そしてその改善された情報の流れによって、マネジメントは、第三者に対して回避可能な損害を減少するよう強いられることになる。このような反応は、基本的に任意のものであるが、マネジメントは、結局のところ、専門家としての評判に価値を置いており、その失敗が公に晒されることを嫌うものといえる。

②　情報開示は、外部コントロールの形態を容易にすることによってマネジメントの反応を促すことができる。例えば、株主の利益に不利な材料の開示は、結果として機関株主からマネジメントに対する直接の圧力または会社のコントロールのために市場を通じた間接の圧力として働くことになる。

③　情報開示は、資産の不当流用のような訴追しうる違法行為を抑制し、そして実在的な法的コントロールによって容易には達しえないマネジメントの行動領域に影響を与える力になりうる。したがって、情報開示は、会社のマネジメントに対して直接的、間接的なコントロールの手段ないし機能の一部を果すことが期待される。

【開示されるべき企業情報】

(a) 基本的情報の開示

年次報告書は、企業の活動の性格と効果についての理解およびその成果と将来の見通しの評価を助けるような情報を提供することができるが、これによって、マネジメントは財務諸表およびその脚注について詳述し補完することができる。

年次報告書に開示される一般的内容は、企業概況、財務概況およびセグメント概況に分けられる。

(b) 非財務情報の開示

セグメント情報　企業の継続的な利益が世界の一定の地域や事業に大きく依存している場合、その事実を知ることは、債権者、従業員およびその他の利害関係者にとって有益である。世

界のすべての地域が等しくリスクのあるビジネス環境やビジネスの機会を提供するものではないし、各事業の状況もまたそのリスクや収益においてさまざまである。したがって、連結財務諸表に加えて、企業は、どこでどのように全利益が引き出されているかについての補完的なより詳細な情報を提供すべきことになる。地域・事業系列別の開示の目的は、財務諸表のユーザーが各国、世界の地域や事業系列に対する当該企業の依存度を特定することを助けることにある。

財務的見通しの情報　投資家の最大の関心は、当該会社の将来の収益性とキャッシュフローを評価することであり、会社がこのような財務的情報について自らの内部的な見通しを提供するかどうかを尋ねることは当然のことのようにみえる。しかし、実際に提供する企業は少ない。このような見通しは、不確かな出来事について主観的な評価をすることになるがゆえに、現実的でないということもあるが、その見通しが外れた場合のマネジメントに対する法的な影響がありうるという理由もいわれる。つまり、例えば、アメリカのような国においては、訴訟の可能性がこのような情報開示の大きな抑制要因になるというのである。

株式および株主の情報　広く分散した所有関係は、現在の株主がその株式を処分しようとする場合には容易な売却の機会を提供する。所有関係の集中は会社のコントロールの状況を示している。分散所有は、会社が株主とその代理人であるマネジメントによってコントロールされていることを意味するが、一方で、集中所有は、権限がもっと狭い範囲のグループによって行使されることを意味する。大多数の株式が比較的少数の人やグループによって所有されているときには、マネジメントは束縛され、他の株主の影響力は小さいものとなる。

付加価値の情報　付加価値の情報開示は、ヨーロッパに起源をもつが、今やヨーロッパ外の会社によっても時折提供されるようになってきたといわれる。例えば、メーカーの場合における

付加価値情報とは、売上高から生産に使用した原材料およびサービスの
コストを差し引いた金額であり、給与等の形で従業員に、税金の形で政
府に、金利や配当の形で資本提供者に、さらに再投資の形で会社自身に
分配されるものである。付加価値の情報開示は、会社が社会に対する富
の提供者であるという見解を表明する。つまり、会社が存在するがゆえ
に、人びとが雇用され、政府は税金を受け取り、投資家や債権者は資金
をビジネスに投じる見返りを得ることができるというわけである。すな
わち、このような情報開示は、企業が単に利益を得る以上のことをすべ
きであり、実際にそうしているという哲学を反映している。

従業員に関する情報　会社が長期的に成功することを目指すなら
ば、資産のみでなくその人材に投資して人的
資源を確保しなければならない。投資家は、会社の財務的な構造や成果
に関心をもつのみでなく、その人的資源にも関心をもつ。社会もまた、
雇用機会均等のポリシーや労働条件などの情報について、それらが社会
正義にかかわることとみられるがゆえに、関心を有する。従業員につい
ての情報開示は、当該会社の継続する成功が人的資源であるその従業員
によっているという会社の見解を反映する。

環境に関する情報　環境情報の開示は、近年増加し、環境圧力グ
ループの数と規模が増えるに従いますます増加
する傾向にある。企業にとって環境情報を開示する動機は、投資家が企
業の環境に対する責任の認識を深めたこと、将来の訴訟の可能性を減少
させようとして責任を表明することを望むこと、そして環境監査と報告
に関する立法を引き延ばしまたは阻止することを望むことにあるといわ
れる。環境情報に関して一般的に法的規制を行う国は少ない。その規制
が存在する場合でも、財務諸表と脚注における開示であり、環境に関連
する責任の評価と報告が対象とされる場合がしばしばである。代わりに
多くの自主的基準が、その効果的な執行のメカニズムを欠いているけれ
ども、存在している。しかし、企業の環境報告は、その質と量の面にお
いて不適切である場合がほとんどであるといわれる。

　ますます企業の多くは、環境問題の重要性を認識しつつあるが、開示される情報は、定性的かつ不十分であるのが通常である。環境情報の開示として、環境への影響と保護対策の結果に関する定量的な評価がいっそう要求されることは明らかと考えられる。企業が環境に関して開示する情報量を増すに従い、年次報告書における開示に代えて、別途環境報告書を関係者に向けて提供する企業も多くなっている。

気候変動リスクに関する情報　わが国の 2021 年 6 月改定コーポレートガバナンス・コードは、気候変動に関するリスクの開示を求めている。特に、プライム市場上場会社は、気候変動に係るリスクおよび収益機会が自社の事業活動や収益等に与える影響について、必要なデータの収集と分析を行い、国際的に確立された開示の枠組みである TCFD（主要国の金融当局で構成する金融安定理事会が設置した気候関連財務情報開示タスクフォース）またはそれと同等の枠組みに基づく開示の質と量の充実を進めるべきである（補充原則 3-1③)。

管理職層の多様性に関する情報　前述コーポレートガバナンス・コードは、管理者層の多様性に関する情報の開示を求めている。上場会社は、女性・外国人・中途採用者の管理職への登用等、中核人材の登用等における多様性の確保についての考え方と自主的かつ測定可能な目標を示すとともに、その状況を開示すべきである。また、中長期的な企業価値の向上に向けた人材戦略の重要性に鑑み、多様性の確保に向けた人材育成の方針と社内環境整備方針をその実施状況と併せて開示すべきである（補充原則 2-4①)。

取締役会の実効性確保に関する情報　前述コーポレートガバナンス・コードは、取締役会の実効性確保に関する情報の開示を求めている。

　取締役会は、経営戦略に照らして自らが備えるべきスキル等を特定した上で、取締役会の全体としての知識・経験・能力のバランス、多様性および規模に関する考え方を定め、各取締役の知識・経験・能力等を一

覧化したいわゆるスキル・マトリックスをはじめ、経営環境や事業特性
等に応じた適切な形で取締役の有するスキル等の組み合わせを取締役の
選任に関する方針・手続と併せて開示すべきである。その際、独立社外
取締役には、他社での経営経験を有する者を含めるべきである（補充原
則4-11①）。

サステナビリティを巡る課題に関する情報　前述コーポレートガバ
ナンス・コードは、サ
ステナビリティを巡る課題に関する情報を求めている。

　取締役会は、気候変動などの地球環境問題への配慮、人権の尊重、授
業員の健康・労働環境への配慮や公正・適切な処遇、取引先との公正・
適正な取引、自然災害等への危機管理など、サステナビリティを巡る課
題への対応は、リスクの減少のみならず収益機会にもつながる重要な経
営課題であると認識し、中長期的な企業価値の向上の観点から、これら
の課題に積極的・能動的に取り組むよう検討を深めるべきである（補充
原則2-3①）。

6　マネジメントの説明責任

　企業による説明責任と情報開示は、歴史的には直接に資金投資をする
者の要求に応えて発展してきた。近年では、株主、銀行、貸し手や債権
者のような資金提供者が企業の行動によって影響を受ける唯一のグルー
プではないことから、企業には、従業員、労働組合、消費者、政府機関
および公衆を含むより広い観客に対して報告する義務がある、という認
識が増えている。企業は資金提供者以外のグループに対しても情報を開
示する明らかな義務があるという見方の拡大にはいくつかの理由が指摘
されている。労働組合の発展と成長が影響を及ぼしている。組織によっ
てなされた決定によって実質的な影響を受ける者は、一般的にそれらの
決定に影響を及ぼす機会を与えられるべきだという見方が受け入れられ
ている。さらに、企業の影響、とりわけ環境汚染や国の経済社会政策へ
の大企業の影響などに対する公衆の懸念が増大してきた。このような動

向が、説明責任の概念および企業の行動を監視しようとする社会のさまざまなグループの要望を拡大してきたといわれる。

7　グローバル企業のガバナンス・システム

　近年の企業不祥事ないし企業不信の事件の特徴は、アメリカにおいては経理操作、報酬巨額化などの利益相反、わが国においては法違反の隠ぺいなどの不透明な経営に起因しており、マネジメントの暴走ないし逸脱と怠慢ないし無責任が指摘されている。前者のマネジメントの暴走に目が移りがちであるが、後者のマネジメントの怠慢についてもこれと同様に重要視するべきであり、企業のガバナンスはこれら両者の観点から構築すべきものと考えられる。マネジメントの怠慢から多くの企業不祥事が生じたことは多くの国におけるこれまでの事実が明らかに物語っている。グローバル企業は、グローバルな市場において事業活動を展開し、その市場によって常時かつ厳しい評価がなされるという観点から、そのガバナンスのシステムを検討しなければならない。グローバル企業は、グローバル市場において多数の事業拠点を有し、多様な国際取引の

図　グローバル企業のガバナンス・システム

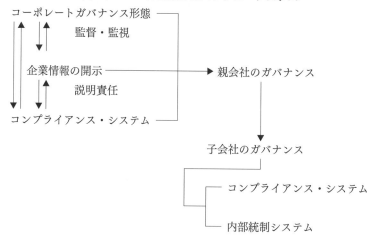

展開を通じて活発な事業活動を行っている。どのようにして海外の子会社を含めたグローバル企業グループの事業活動を規律すべきであろうか。これがグローバル企業のガバナンスの問題である。ここでグローバル企業のガバナンスとは、そのシステムの一環として、①特定のコーポレートガバナンス形態の選択、②企業の情報開示と経営者の説明責任、③コンプライアンス経営の構築という3つの重要な経営システムまでをも含む最も広義の意味で用いることとする。これらの各経営システムは相互に連動、補完し作用することによって企業のガバナンス・システムをつくり上げるものと考えられる（前頁の図参照）。さらに、グローバル企業においては、親会社自身のガバナンスが中心となるが、親会社のみならず、グループ構成企業のガバナンスも対象とする必要がある。

第3章

コンプライアンス・システムの構築

1　コンプライアンス・プログラム

　コンプライアンス・プログラムは、企業のマネジメント・システムの一環であって、トップマネジメントが企業内外に声明するコンプライアンスの経営方針と目的に従い、コンプライアンスのプランニング、パフォーマンスの監視および評価および修正行為を確保するためのフィードバック報告に至るというコントロール・システムにおける行為のサイクルである。すなわち、このプロセスにおける基本的なステップは、次のように要約することができる。

　①企業活動において遵守の対象とされるべき行為の特定。②当該遵守行為を引き受け、確保するために必要な行動の計画。③当該遵守行為が無視されないように関連する行動を調整すること。④計画された行動が引き受けられたか、そしてコンプライアンスが達成されたかどうかを調査もしくは監査すること。⑤修正が必要なときにはパフォーマンスを調整するために計画を見直すこと。⑥修正行為が実施され、維持されているかを判断するための継続調査を実施すること。

（1）コンプライアンス・プログラムの目的

　コンプライアンス・プログラムにおける遵守の対象は、第1に法規範、第2に社内ルール、第3に倫理・社会規範であるといわれる。もっとも、これら3つの規範・ルールは相互に絡み合い、重なり合ってお

り、3つが重なり合っている部分が最も優先度が高く、上記の順番が優先順位となるが、倫理・社会規範のどこまでがその範囲に入るかは必ずしも明らかではない。また、法規範、社内ルールについてもその内容は一律に明確であるとは限らず、当該企業によって異なる場合がある。

　コンプライアンス経営の観点から、法規範の遵守は最低限の義務であり、社内ルールの遵守は当然の義務であるといえるが、これらの義務は倫理・社会規範に基づく倫理感に裏打ちされたものでなければならない。そしてさらに、企業活動が社会的に妥当なものとして認知され、企業が社会的存在としてよき企業市民になるためには、一定レベルの倫理・社会規範を遵守することが要求されると考えられる。

(2) コンプライアンス・プログラムの内容

　企業行動基準の内容は、企業によってさまざまである。

一般的声明　イギリスにおいては、まず、「ビジネスにおけるよき市民」という理念に基づいた会社の目的の一般的な声明がうたわれる。そして企業経営によって影響を受けるさまざまなグループに向けた会社の経営ポリシーを表明するのが一般的である。アメリカにおいても企業行動基準は、会社の業務行為における誠実と正直の約束および法の下における運営の意図を示すという、倫理基準の一般的声明から始まるのが通常である。

　一般的表明に続いて、特定の分野に関する会社のポリシーがうたわれるのが通常である。例えば、反トラスト、会社財産の説明責任、利害衝突、秘密情報、賄賂や寄付、会計慣行の正確さ、インサイダー取引、政治献金、差別とハラスメントなどの課題が対象とされる。

　わが国においても、法規範の遵守、社会への貢献、政治献金規制、反社会的勢力との関係断絶、環境保護、安全保障貿易管理、製品の安全性、公正・透明・自由な競争、接待・贈答、外国公務員贈賄禁止、経営情報の開示、インサイダー取引禁止、人権尊重、差別・セクシュアルハラスメント・パワーハラスメント禁止、プライバシーの保護、職場の安

全衛生、利益相反行為、企業秘密の管理、知的財産権の保護などが標準的な内容として挙げられている。

コンプライアンス・マニュアル　上記のような一般的声明またはポリシー表明だけではプログラムとして不十分であり、当該企業にとって最も問題を引き起こしそうな分野についてより詳細なポリシーと手続を定めるコンプライアンス・マニュアルを策定する必要がある。グローバルに事業活動を展開する企業の視点から共通するものとして、次のような分野のマニュアルが考えられる。

　①反トラスト法遵守、②インサイダー取引禁止、③賄賂禁止、④情報管理、⑤差別・セクシュアルハラスメント・パワーハラスメント禁止、⑥環境保護、⑦知的財産権侵害防止。

(3) プログラムの実施

　実効性のあるプログラムであるためには、実施のための機能的なシステムが設けられ、それが有効に働くことが必要である。このようなシステムを欠いたプログラムは、なんらコンプライアンスの実質的な効果を上げることはできない。

プログラム運営の組織　プログラムを機能的に運営するための組織づくりは、企業によってさまざまであるが、プログラム実施の成否はこの運営組織の有効性に大きく依存しており、例えば、次のような運営組織が1つのモデルとして考えられる。

　プログラム実施の最高責任者はCEOであるが、実際の統括責任者として上級取締役または上級執行役員をコンプライアンス・オフィサーに任命する。

　企業の規模・業種等によるが、このコンプライアンス・オフィサーの下に、各事業部門、各事業地域における現場での自主的なコンプライアンスの徹底を図るために、それぞれ部門コンプライアンス・オフィサーないし地域コンプライアンス・オフィサーを置く。

　さらに、プログラム全体の立案、調整、促進、改善、実施の監視など
を目的とするコンプライアンス委員会を設ける。委員会は、コンプライ
アンス・オフィサーを委員長とし、コンプライアンス所管部門の長、関
係管理部門の長、部門コンプライアンス・オフィサー、地域コンプライ
アンス・オフィサーによって構成される。

　コンプライアンス所管部門は、委員会の事務局であると同時に、プロ
グラム実施の実務を担当する部門であり、新たに独立して設けるか、ま
たは法務部門が担当する。

　コンプライアンス所管部門は、他の管理部門、とりわけ事後的な
チェック機能をもつ監査または検査部門と連携・協力する必要がある。
事後的なチェック機能による問題点の解明の結果が予防機能を果たすプ
ログラムの改善に生かされて、再発防止策を講じることが可能となる。

プログラムの啓蒙・訓練

　プログラムの周知徹底を図るためには、さまざまな従業員等を対象とする以上、
さまざまな方法を駆使しなければならない。まず、コンプライアンスに
ついて、経営トップからの情報発信が何よりも必要であり、コンプライ
アンスの徹底には、経営トップが表明する価値観を従業員等の関係者す
べてが共有することが不可欠である。企業内において従業員等の具体的
な啓蒙・訓練の方法としては次のようなものが考えられる。

　①教育・研修の実施。コンプライアンス・プログラム導入時において
はもちろんのことであるが、継続的なコンプライアンス教育・研修を、
新入社員研修、営業研修等の専門的研修、管理職研修、役員研修などの
定期的な教育・研修計画に織り込む。②日常的な相談・指導。コンプラ
イアンス担当部門による日常的な相談・指導が可能なシステムを設け
る。③イントラネット上にプログラムのホームページによる情報伝達。
コンプライアンスに関する情報をできるだけ開示して、コンプライアン
ス・プログラムの実践における透明性を高める。④携帯用カードによる
周知徹底。コンプライアンス・プログラムをできるだけ身近なものとし
て意識させるために携帯用カード等を活用する。⑤シンポジウムによる

刺激。コンプライアンスに関して外部講師を招いてシンポジウム等を開催し、従業員等の意識を刺激する。

プログラムの監視と風化の防止　企業は、プログラムが有効に機能していることを確保するためには十分な監視のシステムを設けることが必要であり、プログラムが企図した効果を達成しているかどうかを評価するためにそのさまざまな面を定期的に点検しなければならない。

　上記のプログラム所管部門が、日常的な監視と定期的な点検の業務を担当し、例えば、選んだ従業員とのインタビュー、アンケート調査などを実施し、そして報告および違反事例の分析を通じてシステムの有効性を検証することが必要である。

　コンプライアンス遵守ないしコンプライアンス経営は、時の経過とともに絶えず風化するおそれを秘めている。これを未然に防ぐためには、経営トップ自らがコンプライアンスの遵守を繰り替えし説き続ける必要があり、そしてプログラムの実行をそれぞれの組織のレベルにおいていかに日常の業務の中に組み込んでいくかが重要であると考えられる。

2　内部通報制度

　前述のようなプログラムの監視が十分行われたとしても、現実の問題として限界があり、内部通報制度（いわゆるホットライン）を設けることが必要である。この制度はとりわけ組織ぐるみの違法行為に対する抑止力として有効であると考えられる。

　内部通報制度は、すべてのレベルの従業員等がなんら報復のおそれや不利益な取扱いを受けるおそれなく違反の容疑を通報できるシステムでなければならない。この報復や不利益な取扱いがなされないということが会社のポリシーとしてプログラムの中で明確に表明されていることが必要である。そして誰でも、例えば、コンプライアンス委員会、部門コンプライアンス・オフィサーないし地域コンプライアンス・オフィサーに対して通報することができる。さらに、内部組織では心理的抵抗があ

る場合には、会社がコンプライアンスのために雇用した外部の弁護士に対して直接に報告できるルートを備えておくなど多様な通報ルートを設けておく必要がある。通報は、通報者にとって心理的抵抗のない方法で、匿名でも、文書や対面などいかなる方法でも可能とされるべきである。

　いわゆる内部告発は、企業内で真摯に受け入れられて、違犯行為が速やかに是正されることが望ましいが、通報者・告発者の保護というポリシーが企業によって表明されていたとしても、通報者・告発者になんらの不利益も及ばないという保証は必ずしもない。公共の利益のために所属する組織の不正を告発した内部関係者が、報復を受けたり、失業等で経済的、社会的損失を被ったりしないようにする必要があり、立法化によりこのような内部告発者の保護が図られている。

（1）違反者への対応

　わが国においては、企業行動基準の違反を直ちに懲戒事由とはせず、その違反行為が就業規則の懲戒規程における懲罰対象に該当するときには、これに基づいて処分するのが一般的である。多くの企業の就業規則には、従業員は当該規則によるのでなければ懲戒を受けることはないとの記載がなされているからである。アメリカにおいても、連邦量刑ガイドライン自身は、懲罰がその枠組み内でたやすく扱われる問題ではないとして、企業の裁量に委ねている。アメリカにおいて多くの企業は、コンプライアンス・プログラムとは別に、すでに懲罰のガイドラインをもっており、このガイドラインをコンプライアンス・プログラムに直接にまたは参照して組み込むことで十分である。もっとも、会社が違反者の懲罰を行ったときには、可能な範囲で懲罰を公表すべきとされる。公表は、抑止効果をもたらし、適正な行為への動機づけとなるというわけである。コンプライアンス体制を構築したとしても、その実効性を上げることは容易なことではない。実効性を確保するための最終的な担保は、コンプライアンスの違反者に対して、企業が自らどのように対処す

るかということである。違反者への対応は、例えば、コンプライアンス・プログラムに違反して達成した業績は評価しないという軽度のものから、人事異動などの処遇に反映させる、違反者解雇の可能性などの厳しい処分までありうる。あまりに軽度な処分しか予定されていなければ、コンプライアンス体制の実効性のみならず有用性も疑われることになるので、少なくとも違反に対する抑止力となるに必要な程度の処分は必要である。違反の態様に応じて、既存の就業規則の懲戒規定の発動に委ねるというだけでは、コンプライアンスの目的を達成するのに必ずしも十分ではなく、コンプライアンス・プログラムの中に違反者に対する処分の程度を明らかにする規定を設けるべきであると考えられる。もっとも、この場合には当該規定の内容を就業規則に明記するなど、労働組合との調整が必要となる。

(2) プログラムの見直し

有効なプログラムは最新のものでなければならない。企業は、プログラムがその目的を達成するように、絶えずプログラムを改良または向上させるべきである。プログラムは、法の変化、事業運営による変化、産業における変化および違反の発生によって改定が必要となるが、プログラムの真摯な実施とこれによる経験の積重ねによって改良を加えることができる。

とりわけ違反を発見した後のプログラム改良のためには、少なくとも次のような行為と対応策が必要である。

①違反行為の程度とその理由を決定するための当該行動の分析。②当該違反が継続するのか、あるいは当該違反行為に特有のものかを決定するために、周囲の企業行動を分析すること。③同じような違反行為の再発を少なくするような変更を運営の実践や手続に導入すること。④これらの変更の実施と維持の権限と責任をコンプライアンス・オフィサー等の責任者に委ねること。⑤同じような違反行為を早期により多く探知するために、情報収集プロセスを改善すること。⑥これらの新しく導入し

た改良対策が再発を防止するのに十分かを確認するために、その効果を特定の期間中監視すること。

3　コンプライアンス・システムの整備・強化

(1)　経営ポリシーとコンプライアンス

　コンプライアンスは、経営トップが自らその経営ポリシーの実行を語ることが求められ、経営トップを先頭に企業内に絶えず危機感をかき立てることが必要である。また、積極的な情報開示によって市場の目に晒されることが企業のコンプライアンス向上につながることも理解することが重要である。コンプライアンスは、コーポレートガバナンスのシステムにおける内部統制システムの一環として企業の経営システムの中で大きな機能を期待されるが、その機能は企業内のいわば日常業務として発揮されることが望ましい。経営者は、コンプライアンスを含む内部統制システムが経営ポリシーの核心であり、よきコーポレートガバナンスを実現するための経営システムであることを認識し、強い使命感をもって日常業務を通じてコンプライアンス経営を実行しなければならないと考えられる。

(2)　コンプライアンスの実効性

　企業内にコンプライアンス担当部門を設け、コンプライアンス・プログラムを掲げたとしてもそれだけでコンプライアンスの実効性が確保できるわけではない。コンプライアンスが根付くかどうかは、それぞれの企業のこれまでの文化と風土に影響されることがしばしばである。経営トップは、コンプライアンスと同時にあるいはこれによって企業文化と風土を変えるという決意をもつことが必要と考えられる。しかも、コンプライアンスは絶えざる風化のおそれに晒されている。コンプライアンスの実効性が確保できないならば、それはむしろ企業価値にとってマイナスのイメージを招きかねない。実効性のないコンプライアンス・プログラムは、「悪しきコーポレートガバナンス」の徴候とみられるからで

ある。

　しかし、コンプライアンスがマネジメントに道義的な重荷を背負わせるのみであると考えるのも行き過ぎである。コンプライアンスはガバナンス・システムの一環であり、適切なコーポレートガバナンス形態が選択され、積極的な情報開示がなされ、マネジメントの説明責任が十分に果たされているならば、コンプライアンス経営の実効性が確保されていることになる。いいかえれば、マネジメントは、実効性のあるコンプライアンス経営により企業価値やブランド力の向上を図ることができる、つまり、企業の強力な競争力の源泉となりうることを認識すべきである。

(3) 内部双方向監視システム

　コーポレートガバナンス形態の選択は企業の経営管理機構内における社外取締役または監査役によるマネジメントの監視であり、企業情報の開示とマネジメントの説明責任は市場からのマネジメントに対する監視であるといえるが、コンプライアンスは、企業内におけるマネジメントの従業員に対する監視のみならず、従業員のマネジメントに対する監視という双方向の監視のシステムとして位置づけることができる。

　双方向の監視システムということは、マネジメントと従業員との関係が緊張感をもったものであると同時に、いわゆる「風通しのよい」ものであり、かつ上述したように日常業務の中にシステムとして組み込まれていることである。このような内部双方向監視システムは、上記の一方的・外部的監視体制を補完するものであるが、これが実際に機能するならば企業不祥事となりうる問題を未然に解決し防止することも大いに可能であり、企業はそれぞれに適した具体的なシステムを設計し、コンプライアンス・プログラムの中に組み込んでその実効性を図るべきであると考えられる。

　特に、経営トップが暴走して企業不祥事を引き起こすような場合は、コンプライアンス経営そのものが形骸化しているが、従業員のマネジメ

ントに対する監視と上述した内部通報制度が機能するならば、マネジメントによる暴走を抑止することは可能であると考えられる。

（4）法務・コンプライアンス部門の機能

経営トップが主導するコンプライアンス経営を支える企業内の組織は、法務・コンプライアンス部門である。経営トップがコンプライアンス経営においてリーダーシップを発揮するためには法務・コンプライアンス部門の強力な支援を必要とする。コンプライアンスを日常業務のレベルにおいてシステム化し、そのシステムの実効性を図ることが求められるからである。

法務・コンプライアンス部門は、コンプライアンス・プログラムの実効性を確保する責務を担っているが、コンプライアンス経営の成否は、法務・コンプライアンス部門の力量いかんにかかっているといっても過言ではない。この意味において法務・コンプライアンス部門は強い使命感をもつと同時に、経営トップは法務・コンプライアンス部門の人的・質的レベルの向上に配慮することが必要であると考えられる。

事例1　三菱電機品質不正事件

2021 年 7 月、三菱電機は、鉄道車両向け空調装置の一部機種で不適切な検査を行っていたと明らかにした。製造を担う長崎製作所で、1980 年代から 35 年以上にわたって顧客との契約とは異なる方法で検査したり、検査を省略したりしていた。架空のデータを自動で生成するプログラムの存在も明らかになった。鉄道車両向け空調装置の海外の最終納入先が約 15 か国に上り、これまでに米ニューヨーク市の地下鉄などに納入実績（2,600両使用）がある。さらに、鉄道のブレーキなどに使う空気圧縮機でも不適切な検査があったと発表した。10 年程度にわたり 1,000 台を出荷した。

米ニューヨーク市の地下鉄を運営するニューヨーク州都市交通局は、三菱電機に安全性や品質への具体的な影響など追加の情報を要求したことを明らかにした。必要ならば、修復も求める。三菱電機の不正検査は日本の鉄道インフラ輸出に影を落としかねず、海外に向けての説明責任が求めら

れる。

10月、品質不正問題に関する調査委員会の報告書は、品質保証やコンプライアンスに対する経営陣の本気度への疑問を呈し、経営責任を明確化する措置を講じるべきだと断じた。

三菱電機の社長は、組織的な不正行為と認めて引責辞任した。また、同社会長も監督責任を認めて辞任した。

三菱電機は、2022年5月、品質不正問題に関する調査委員会がまとめた3回目の中間報告書を発表した。兵庫県などにある15製作所（工場）で新たに101件の不正・不適切行為が判明し、国内生産拠点の7割にあたる16工場の146件に広がる。納期やコストを守るため、顧客との契約や規格などを軽視して不正行為に手を染めるケースが目立った。コスト削減や生産効率を優先し、不正が惰性で続く実態が長年続いてきたことが明らかになった。

三菱電機は、2022年10月、一連の品質不正問題で10人前後の役員を追加で処分すると発表した。すでに退任した役員を含めて報酬の一部返納を求め、品質不正拡大の責任を明確にする。漆間社長ら歴代経営陣12人を処分した2021年12月に続くもので、現旧役員の処分は計20人規模になる。現役の執行役は職務や在任期間に応じて月額報酬を減額する。すでに退任した執行役についても過去に支払った報酬の一部返納を求める。

三菱電機は、10月20日、外部専門家による調査委員会がまとめた最終報告書を公表した。不正件数は累計197件となり、棚山前会長が関与していた不正も判明した。意図的なものは14製作所で112件あった。そのうち、納期や設備などの都合で顧客との契約を履行しないケースが108件あった。過失だが結果的に不正だった行為のうち、法令違反の可能性のある過失も10件確認された。新たに現旧の役員10人に対して報酬の減額や返納要請処分を実施し、対象者は22人に増える。不正は新たに1つの製作所で発覚し、国内22拠点のうち12製作所で確認された。最終報告では新たに70件の不正・不適切行為が判明した。5月に公表した3回目の中間報告の時点では不正は147件としていたが、集計方法を見直し127件に改めた。調査報告書は複数の製作所で不正が発生した理由として、手続を踏むことで品質の高さを証明するという考え方が根付かず、手続を軽視していたと指摘した。

事例2　日野自動車品質不正事件

　2022年8月2日、日野自動車は、同年3月に公表したエンジン不正について、少なくとも2003年以前から行われていたと発表した。従来は不正開始時期について2016年秋以降と説明していたが、より長期にわたって不正が続けられていた。対象車両も判明しただけで2009年以降56万7千台にのぼり、これまで公表していた約12万台から大幅に拡大する。2016年、国土交通省から求められた排ガスや燃費試験を巡る実態調査に対して虚偽報告をしていたことも明らかにした。

　原因究明などに向けて3月に設置した外部の弁護士らによる特別調査委員会が8月2日発表した報告書で、新たな不正が明らかになった。現行車種では中型バスなど8車種の不正が判明、2日から出荷を停止した。従来、不正対象は8車種としていた。日野自動車が国内で出荷できる車種は小型トラックのみとなる。日野自動車から2日に報告を受けた国交省は建機用も含めた現行エンジン14機種のうち、12機種で排ガス不正があったと明らかにした。そのうち4機種は基準に適合しておらず、型式指定の取り消しも検討する。報告書では過去のエンジン不正も明らかになった。排ガスについては2003年に導入された新たな環境規制対応時からの不正が判明した。また燃費についいてはトラックなどに税制優遇が設けられた2005年以降の多くの車種で不正が見つかった。国が定めた試験方法に従わなかったり、燃費や排ガスの数値が実際よりよく見えるようにデータを改ざんしたりしていた。調査委員会は不正が続いていた原因について、日野自動車の「上にものを言えない」体質が背景にあると指摘した。また日野自動車が国交省に対して過去に虚偽報告をしていたことも分かった。三菱自動車の燃費不正の発覚を受け、国交省は2016年4月に日野自動車を含む車メーカー各社に燃費や排ガス試験で不適切な事案がないか、調査と報告を求めた。日野自動車は「問題ない」と回答していたが、実際はエンジン試験の担当者がデータを書き換えることなどで問題がないように装っていた。不正開始時期が大幅に前倒しされたことで、今後は現経営陣に加え、過去の経営陣の責任も焦点となる。

　日野自動車は、2022年8月12日、同社製トラックを利用していたとみられる米企業から損害賠償などを求める訴訟が米裁判所に提起されたと発表した。物流企業のエクスプレス・フレイト・インターナショナル（フロリダ州）など4社が、フロリダ州南部地区連邦裁判所のマイアミ支部に5

日付けで提訴した。日野自動車と同社の米販売会社のほか、親会社のトヨタ自動車も被告に含めた。日野自動車によると、米国で販売した 2004 〜 2021 年モデルのトラックの利用者を代表し、過去の不正で損失を被ったとして損害賠償や売買契約の取り消しなどを求めているという。今後法廷で具体的な損害賠償額を請求していくとみられ、訴状では要求が 500 万ドル（約 6 億 6,500 万円）を超えるとのみ記載している。今後も同種の訴訟を提起される可能性がある。

　日野自動車は、2022 年 8 月 23 日、小型トラックでもエンジンの性能試験で不正があったと発表した。2019 年度以降に販売した 7 万 6,000 台が対象となる。国内向けはほぼ全車が出荷停止となり、得る商品がなくなる異常事態に追い込まれた。

　国土交通省は 2022 年 9 月 9 日、エンジンの排出ガスや燃費の試験で不正をした日野自動車に対し、道路運送車両法に基づく初の是正命令書を交付した。斉藤国交相は「組織風土や体質に重大な問題がある」と指摘した。1 カ月以内に再発防止策を報告するよう求めた。エンジンの型式指定も追加で取り消す方針である。

第4章

国際技術ライセンス

1　国際技術ライセンス契約の機能と形態

(1)　国際技術ライセンスの機能

　国際ライセンスとは、国を越えたライセンサー・ライセンシー間の技術移転・技術導入であり、技術革新のグローバルな展開に従いライセンスも必然的に国際性を帯びてくる。

　(a)　ライセンサーにとっての国際技術移転

　①　研究開発費の回収と再投資　　投資した研究開発費は、商業化に成功した製品の販売によって回収するという間接的な方法よりも技術移転という直接的な方法によって回収することが可能である。ロイヤルティという実施料の収入は、技術収入料として新たな研究開発に充当できる原資となる。

　②　海外市場進出への足がかり　　製品販売により海外市場へ進出しようとしても、国によっては高い関税障壁や非関税障壁があり、いまだ販売・流通経路を開拓していないなどマーケティング力を欠いている場合には、ライセンスによって橋頭堡を築くことが考えられる。

　③　海外製品市場の拡大　　海外市場において製品の販売ネットワークの確立に時間がかかり、その製品の浸透が容易でない場合、当該製品のかかわる技術のライセンスによって製品市場の拡大を図ることができる。

　④　海外合弁事業のための基盤　　伝統的な海外合弁事業は、外資が

現地のパートナーと合弁会社を設立し、合弁会社にライセンスを許諾するという方式である。合弁事業形態は、外資規制により外資が直接完全子会社を設立することができない場合にしばしばとられるものであり、また、ライセンサーが単にライセンスを許諾するだけでは海外市場における事業戦略として不十分な場合に選択される有用な事業形態である。

⑤　海外子会社への技術移転　　ライセンサーは事業戦略として、海外に現地法人を設立し、技術を移転して、その国の市場はもちろんのこと、グローバル市場に向けて製品の供給基地を構築する。現地法人は、いわばライセンサーの分工場のような役割を果たしているということができる。

⑥　グローバルな技術戦略の手段　　ライセンサーは、技術移転のためのライセンスをベースとして、改良技術の交換を通じた共同開発関係、改良技術のグラントバックとサブライセンスによるライセンスネットワーク関係およびクロスライセンス関係のような拡大したライセンス関係を構築することが可能である。

⑦　国際標準化のための手段　　国際技術移転は国際標準形成のための枢要な手段である。ライセンサーは、標準を形成する技術移転からさまざまな方法で利益を得ることができる。

(b)　ライセンシーにとっての国際技術導入

①　研究開発の効率化　　自社で研究開発を行うか、あるいは技術を導入するかは、まず研究開発政策の第一歩ともいえるが、技術面における経営資源に限りがある以上、ある分野においては技術導入に頼ることが必要となる。技術導入に当たっては、世界において最先端の技術を求めることになり、導入された技術は自社の研究開発に対してさまざまな刺激を与える。

②　新規事業進出への足がかり　　企業は自己の経営資源のみで新規事業に進出できるのが理想であるが、メーカーの場合、全く新しい分野に進出するためにはそのための技術が必要であり、自社開発によってすべてをまかなうことは難事業である。自社技術の開発に長時間を要する

のであれば、むしろグローバル市場における最先端の技術を導入するほうが望ましい。かかる技術の導入に成功すれば、一挙に新規事業を立ち上げることも可能となる。

　③　事業提携関係構築の手段　　企業の戦略的な分野において、海外の企業となんらかの事業提携関係をもつことを企図する場合、最も近い道はその企業から技術を導入することである。

(2) 国際技術ライセンス契約の形態

(a) ライセンスの対象による形態

特許ライセンス　特許ライセンスは、ライセンサーが所有する特許権の実施を許諾する最も単純なライセンスであり、ライセンシーは許諾特許権を実施するに必要な技術ないしノウハウをもっているのが通常である。この場合のライセンスの実質は、ライセンサーによる特許侵害訴訟からの免責に他ならず、ライセンス契約の内容もきわめて簡単なものとなる。

ノウハウ・ライセンス　ノウハウ・ライセンスは、ライセンサーが所有する特許化されていない技術ないしノウハウの実施を許諾するライセンスであり、その特性は、特許ライセンスと対比して一般的に以下のように考えられる。第1に、許諾技術の範囲について、特許ライセンスの場合には特許クレームの記載により明確であるが、ノウハウ・ライセンスでは客観的には明確でないので、ライセンス契約においてノウハウの範囲を明確に定める必要がある。第2に、特許権は特許法に基づき独占性・排他性を有するが、ノウハウにはそのような性質は認められていない。したがって、特許権の場合、特許侵害者に対し損害賠償権と差止請求権による法的保護が与えられるが、ノウハウにおいてはライセンス契約により定められた条件に基づき契約当事者間で保護されるにすぎない。もっとも、トレード・シークレット該当するノウハウの場合には、法に基づき侵害者に対する損害賠償権と差止請求権が認められている。また、トレード・シークレットに

該当しないノウハウであっても、それを不正に使用する第三者に対しては損害賠償を請求することは可能である。

「特許・ノウハウ」ライセンス

「特許・ノウハウ」ライセンスは、ライセンサーが許諾する技術にかかわる特許権およびノウハウを供与する標準的なライセンスである。ライセンシーは、当該特許権を実施するに必要なノウハウをライセンサーから習得するとともに、許諾特許権に基づく独占的ライセンスまたは非独占的ライセンスを享受する。

ソフトウェアライセンス

ソフトウェアライセンスは、ソフトウェアの所有者であるライセンサーが当該ソフトウェアの複製・使用を許諾する。複製ライセンスは、最終ユーザーにソフトウェアを供給する目的でライセンシーに複製権を許諾するものであり、その発展として複製のみならず改変した上で販売まで許諾するものもある。使用ライセンスは、ライセンサーがソフトウェアを取得した最終ユーザーに使用権を許諾するものである。

商標ライセンス

商標権の所有者であるライセンサーが、商標権に基づき特定の製品について当該商標の使用を許諾する。技術ライセンスにおけるライセンシーの販売力が弱く、あるいは対象製品のプラントの稼働率を一気に上げたいときには、ライセンサーの商標のブランド力に頼らざるをえない。この場合ライセンス契約とともに、あるいはその一環として商標ライセンス契約が結ばれ、ライセンサーは対象製品の品質についてもライセンシーをコントロールし、ライセンシーは品質保持の責任を負うことになる。

(b) ライセンシーの類型による形態

発展途上国・後進企業へのライセンス

発展途上国の企業あるいは技術面で後進の企業は、技術導入に当たってはできるだけ多くの技術を受け入れることを望むのが通常である。ライセンスの範囲は広くなり、この意味において包括的ライセンスとなる。また、技術援助型のライセンスとなることが多い。

先進企業へのライセンス　技術面で先進の企業はすでに基本的な技術力を有しているので、技術導入においては核となる技術を受け入れることで十分であるのが通常である。ライセンスの範囲は、製造技術を中心として限定的なもの、すなわち限定的ライセンスとなる。ライセンシーが当該技術のノウハウを確立していれば特許ライセンスのみで十分な場合がありうる。また、ライセンサーがライセンシーの技術開発力に期待するときには、共同開発型のライセンスとなる。

共同企業体へのライセンス　ライセンサーの合弁会社に対する出資比率が高く、子会社として位置づける場合（単独支配型）、包括的ライセンスとなる。出資比率が50％（共同経営型）のときも、包括的ライセンスとなるのが通常であるが、共同事業者の技術開発力を見込んで共同事業を展開しようとするときには、共同開発型のライセンスとなることが多い。一方、ライセンサーの出資比率が低く、少数株主としての参加にとどまる場合は、ライセンサーの立場からは限定的ライセンスとなるのが通常である。

海外子会社へのライセンス　海外の子会社は、ライセンサーにとって生産拠点として設けたものであり、ライセンサーは全面的にバックアップする必要があることから、海外子会社へのライセンスは包括的ライセンスとなる。

競争事業者へのライセンス　ライセンサーにとって、現在そして将来競争事業者となるライセンシーに対するライセンスは、できるだけ限定的なものとしたいところである。ライセンスの範囲が製造技術本体に限定されるというばかりでなく、許諾される権利の内容も限定される場合が多い。ライセンサーが競争事業者には当該技術のノウハウは供与せず、特許ライセンスのみに応じるということもしばしばである。

2　国際技術ライセンス契約の基本的構造

(1) ライセンス契約における前文・定義

　国際取引契約において契約中に使用される「用語」の定義は、契約当事者の権利義務関係および契約内容を明確にするうえで一般的に重要であるが、とりわけ技術取引である国際技術ライセンス契約においては、技術移転の対象とする技術の範囲を定めるために、許諾製品、技術情報、許諾特許、改良技術、ライセンサーグループおよび純売上高・純販売価格のような「用語」の適切かつ十分な定義が必要である。

(2) ライセンスの許諾

　ライセンサーは、ライセンスの許諾に当たり当事者が特定した権利にできるだけ限定しようとするが、ライセンシーは、許諾技術の円滑な移転に必要なあるいは望ましいすべての権利を求める。したがって、どのような権利が技術移転の対象となるのかはライセンス契約の核心となるものであり、ライセンス契約において許諾される権利の内容と範囲を明確に定めておくことがいずれの当事者にとっても不可欠である。

許諾される権利　ライセンサーは、許諾技術を独占的に実施する権利（独占的ライセンス）または非独占的に実施する権利（非独占的ライセンス）をライセンシーに許諾する。独占的ライセンスの付与が、ライセンサーを排してライセンシーに独占的かつ排他的な地位をもたらすと解されることがあり、ライセンサーが自ら実施する権利を留保したい場合にはその旨をライセンス契約に明記する必要がある。ライセンシーがさらに第三者に許諾技術を供与するサブライセンスについては、ライセンス契約でその定めがないかぎり、ライセンシーにその権利は与えられていない。サブライセンスが認められる場合でも、ライセンシーは、誰にサブライセンスを与えるのかについてライセンサーの承認が要求されるのが通常である。

非独占的ライセンスか独占的ライセンスか　　非独占的ライセンス
は、ライセンサーに

とってライセンス契約において考慮すべき最初の選択肢であり、非独占
的ライセンスの利点は次のように考えられる。第1に、ライセンサー
およびライセンシー両者のリスクは最小となる。ライセンサーは、多く
の企業に自由にライセンスすることができるのであり、1人のライセン
シーの成功にのみ依存することはない。ライセンシーにとっては、独占
的ライセンスに一般的に伴う高額の一括払いロイヤルティやランニング
ロイヤルティが避けられるので、この点におけるリスクが低くなる。
第2に、ライセンサーは許諾製品や技術に対してよりコントロールを
維持することができる。市場において製品を製造・販売する権利および
他の企業にライセンスする権利を留保することにより、ライセンサー
は、当該製品や技術の普及促進により活発に参加することができる、そ
して1人の独占的ライセンシーが許諾技術をコントロールしているが、
競争上の理由から当該技術を商業化しないというような状況を防止する
ことができる。第3に、許諾製品や技術に対するニーズを高めること
ができる。許諾製品や技術の普及した使用はより安いロイヤルティのラ
イセンスを促進し、そのようなライセンス活動は製品や技術の市場を拡
大することにつながる。多くのライセンシーは、改良技術の開発の可能
性を増大させ、当該技術のレベルをさらに高めることが可能となる。

独占的ライセンスに伴うリスク　　ライセンシーは独占的ライセンス
を獲得することを望むのがしばし

ばであり、独占的ライセンスの供与がライセンサーに利益となる場合も
ありうる。しかし、独占的ライセンスは両者に固有のリスクをもたらす
ことがある。例えば、独占的ライセンシーがライセンス契約上の明示的
または黙示の義務を履行せず、ライセンス契約もこの問題を解決するメ
カニズムを提供していない場合には、ライセンサーは弱い立場に置かれ
ることになる。一方、ライセンサーが許諾特許を強制しない、もしくは
それを強制できないとき、あるいは許諾された技術情報が秘密保持義務

や不使用義務なくして第三者の手に渡るときには、独占的ライセンシーの競争的上の地位は危険に晒されることになる。ライセンサーは、独占的ライセンスを許諾することにより、もっぱら独占的ライセンシーによる許諾技術の実施の成果に依存することになる。したがって、ライセンサーとしては、独占的ライセンシーが許諾技術を効果的に実施して成果を上げるような枠組みを設ける必要があり、この目的のために達成の基準が独占的ライセンシーに課されることになるが、ライセンサーの期待を満足させるような解決策となる保証はなく、ライセンサーにとってリスクとなる。

サブライセンス　サブライセンスは、ライセンシーによる第三者へのライセンスの許諾であり、ライセンシーがライセンサーから受けた法的な権利のすべてまたは一部をサブライセンスすることである。反対の明示または黙示の合意がない限り、ライセンシーは第三者へのサブライセンスを許諾する権利を有しないのが原則である。また、ライセンス契約において本来のライセンスに課された制限は、サブライセンスにも及ぶことになる。このようなサブライセンスはライセンシーの権限を超えるものであるが、サブライセンスが本来のライセンスの目的とするビジネス関係全体の成功にとって不可欠とされる場合がしばしば見受けられる。第1に、当該ライセンスが許諾技術を具体化する製品を製造して販売することを目的とする場合、ライセンシーは許諾された権利を十分に活用するためにはさまざまなサブコントラクターディストリビューターやディーラーを起用しなければならず、これらの者に許諾された権利の一部をサブライセンスする必要がある。第2に、ライセンシーが許諾技術を多くの第三者へ移転し、それによって当該技術の普及拡大と収入増大を図ることがライセンサーの目的である場合、むしろサブライセンスが奨励される。サブライセンスによるロイヤルティの収入は、ライセンサー、ライセンシーの当該技術移転に対する寄与度を勘案して両者間でどのように配分するかを定めておく必要がある。ライセンサーは、上記いずれの場合においてもサブライセンス

によって許諾技術が自己のコントロール外となることを懸念し、サブライセンシーの選定やその数、サブライセンスにより許諾された権利の実施や技術情報の適切な保護などについて適切なコントロールを及ぼすことを要求する。したがって、ライセンサーは、ライセンシーにより提案されるサブライセンスの条項を吟味して承認する権利を留保する。サブライセンシーの選定を含めてすべてのサブライセンスの条件は、ライセンサーの承認を必要とするのである。

許諾される権利の範囲 ライセンサーは、許諾技術について生産、使用、販売する権利を包括してあるいはそれぞれ個別に許諾することができる。生産する権利の許諾に関して、ライセンシーがサブコントラクターのような第三者に許諾製品を生産させることを認めるかどうかを契約上明らかにしておく必要がある。この場合、サブコントラクター選定の条件として、ライセンシーのコントロールの下にあること、秘密保持義務を負い、許諾技術の使用に関する制限に従うことなども明文化することができる。特許権者であるライセンサーは、1つの特許権について数量、地域、製品、用途・使用分野、スタイル・デザイン、存続期間においてライセンスの範囲を制限することが可能であり、このような特許権の特性を活用してライセンスを供与することができる。第1に、数量については、生産数量、生産規模ないし生産能力の指定によって範囲を制限することができる。第2に、地域については、生産地域の指定によって範囲を制限できるが、販売地域の指定による制限については競争法上の検討が必要である。許諾製品の輸出については、ライセンシーは、許諾製品を世界中どこにでも（許諾特許の外国特許が登録されている国を除く）販売できるとすることが原則である。ライセンサーがライセンシーの販売を許諾地域に限定しようとしても、ディストリビューターまたは許諾地域において許諾製品を買った買主が、当該外国特許の存在しない他の国において許諾製品を販売することを制限することはできない。第3に、製品については、特定の製品を指定することによって範囲を制限することができる。第4に、

用途・使用分野については、特定の用途・分野の顧客あるいは特定の目的を指定することによって範囲を制限することができる。また、ライセンサーは、第 1 のライセンシーに 1 つの用途・使用、第 2 のライセンシーに他の用途・使用という使い分けも可能である。第 5 に、ライセンス期間については、ライセンサーは、許諾特許の有効期間より短い期間のライセンスを許諾することができる。

譲渡の禁止　ライセンス契約および当該ライセンス契約に基づき発生するすべての権利および義務は、相手方当事者の書面による同意のない限り、その譲渡は禁止されるのが原則である。もっとも、譲受人が当該ライセンス契約により拘束されることに書面にて同意し、かつ譲渡人が二次的に当該ライセンス契約に従って責任を負う場合には、当事者の子会社への譲渡が許容されることもありうる。

(3) 許諾の対価

　ライセンシーは、ライセンサーによる許諾技術の実施の対価として実施料、すなわちロイヤルティを支払う義務を負担する。ライセンシーのロイヤルティ支払義務は、ライセンス関係における本質的要素である。

　(a) ロイヤルティの算定基準と方式

　ロイヤルティにいかなる算定基準を用いるかは、当該取引を取り巻く環境や当事者が活動する業界の慣行などによって決まってくるが、許諾技術によって製品が製造される場合には総販売価格または純販売価格が最も一般的な算定基準である。ランニングロイヤルティという料率方式は、インフレーションの要素が自動的に織り込まれている。

　他の算定基準として、ライセンシーによって製造または販売された数量等の単位を基準とする場合には、ロイヤルティとして単位当りの一定額が固定される。このような定額方式は、販売価格を基準とする場合と異なり市況の変動に左右されない。一時金は、ライセンス契約締結時に一括払いするロイヤルティとして用いられることがあるが、頭金としてランニングロイヤルティと組み合わせて用いられることも多い。特定の

金額がライセンス契約時に、さらに技術情報供与時または許諾製品の規格合格時にわたって分割して支払われるが、将来のランニングロイヤルティの金額に充当される。もっとも、将来のランニングロイヤルティが頭金の額に達しなくても、この頭金がライセンシーに返還されることはないのが通常である。ミニマムロイヤルティは、ライセンシーがライセンス期間中定期的に一定額のロイヤルティを許諾製品の販売実績いかんにかかわらず支払うものであり、独占的ライセンスの場合にライセンサーにより要求されるのが通常である。

(b) ロイヤルティの料率決定のための要素

　ロイヤルティの料率を決定するためにすべてのライセンス契約に共通して考慮されるべき要素は次のように考えられる。第1に、研究開発のコストの回収。もっとも、当該技術の研究開発コストが巨額であるにもかかわらず、実際のロイヤルティ料率はその4分の1ないし3分の1相当以下であるのが一般的ともいわれる。第2に、ライセンシーが関連技術を開発または獲得する代替手段のコスト。ライセンシーが当該技術を独立して開発するコストとの比較は計算上可能であるが、研究開発が成功しないかもしれないというリスクをどのように認識するかが問題である。他のライセンサーから同様の技術を導入することが可能な場合があるが、2つの技術を比較することは実際上困難である例が多い。第3に、ライセンシーにより獲得される利益のレベル。知的財産ないし技術の価値は、その寿命の間に受け取る純利益の現在価値により算定できるという考え方に基づいている。その算定においては当該知的財産・技術が生み出すことができる利益の額、利益の流れの期間および予想利益の実現にともなうリスクを考慮に入れなければならない。このような利益もまた予測することが難しいが、料率を決定する最良の方法の1つとされており、予想利益の3分の1程度を基準とするのが一般的といわれる。第4に、将来の改良技術交換の可能性。ライセンサーがライセンシーの技術力に期待できる場合には、改良技術の無償によるグラントバックは、料率の低下をもたらす可能性がある。しかし、ライセン

シーが実際に改良技術を開発するに至るかどうかは不確かであり、料率の算定において考慮に入れることは実際的ではない。さらに、ロイヤルティ料率の算定に当たっては、次のような当該ライセンスに固有の要素を考慮しなければならない。①当該技術の過去のライセンスにおける料率および当該技術がかかわる業界において広く用いられている料率。②諾特許の強さおよび経済的価値。③ライセンシーのもつノウハウ。ライセンシーが許諾特許を実施するに必要なノウハウをもっている場合には、パテントライセンスのみとなる。④ライセンサーからの原材料供給の必要性。ライセンシーが許諾製品を製造するために原材料をライセンサーから購入する必要がある場合には、ライセンサーはその供給によって利益を得ることができるので、料率が下がる可能性が生じる。⑤ライセンシーが他のライセンシーやライセンサーと競争する可能性。ライセンシーが許諾製品の市場において他のライセンシーやライセンサーと競争する可能性があるときには、その競争の程度が料率の決定に影響を及ぼす場合がありうる。⑥許諾製品の販売数量の大きさ。許諾製品が大量に販売されるという見込みは、料率の低下を可能にする。

(c) ロイヤルティ支払条項

子会社への許諾製品の販売　ライセンシーが許諾製品をその子会社に優遇価格で販売し、低い販売価格をロイヤルティの算定基準とする場合がある。ライセンサーの観点からは、このような優遇価格は無関係な第三者への正常な価格として調整することが必要であり、子会社への販売におけるロイヤルティも正常価格で算定される旨を規定しなければならない。この場合子会社の定義が必要となる。

ロイヤルティの報告と支払期間　ライセンシーは、定期的にロイヤルティの算定基礎と支払額をライセンサーに報告し、その会計帳簿を一定期間保存する義務を負う。ライセンサーは、ライセンシーの支払義務を正確に履行させるために、その指名する公認会計士によって会計帳簿をいつでも検査できる権限を留保

しておく必要がある。ライセンシーによるロイヤルティの支払いは、常にライセンス契約に定められた条件どおりに行われるとは限らない。支払いの時期に遅れる、あるいは意図せずしてロイヤルティの算定にミスが生じることは少なくない。上記のライセンサーの検査権限が留保されるのはこのためである。ロイヤルティの支払期間は、許諾特許の最後の特許権が終了する日、あるいはライセンサーとライセンシー間で改良技術の交換が継続して行われることを前提に、許諾技術を具体化する製品・プロセスのライフサイクルを基準として決定されるのが一般的である。

(4) 技術情報の提供と技術指導

技術情報の提供と技術指導は、特許・ノウハウライセンスおよびノウハウライセンスにおけるライセンサーの基本的義務であり、これによって実際にノウハウがライセンシーに移転されることが可能となる。まず、技術情報の提供は、主として書面の形でなされるが、デザイン、基本エンジニアリング等のノウハウ・パッケージ、オペレーション・マニュアルなど、どのような書面がどのようなタイミングで提供されるのか明確に定める必要がある。ライセンサーの立場からは、かかる書面は自己のオペレーションに一般的に用いられている書面に限定する必要がある。技術指導は、ライセンシーの技術者のライセンサーのプラントにおける訓練およびライセンサーの技術者のライセンシーへの派遣によってなされるが、それぞれの回数、1回当りの人数と滞在日数、延べ総人数・総日数および旅費、滞在費、アブセンス・フィー（日当）等の費用負担が明記されなければならない。派遣されたライセンサーの技術者の役割は、ライセンシーによる新しいプラント建設に対する技術的助言、新プラントのスタートアップや新プロセスの運転に対する助言等その他の技術的な助言に及ぶ。

商標ライセンスが伴う場合、ライセンサーは、ライセンス契約期間中、許諾製品の品質管理システムを提供しなければならない。技術規格

の開発、許諾製品のテスト方法、ライセンシーの製造設備の検査等が含まれる。

(5) ライセンス関係の解消

(a) 契約期間と一般的解消事由

契約期間は、当事者の合意によって定められるが、許諾特許の有効残存期間を基準とした場合、この許諾特許にライセンサーの改良技術が含まれるのかどうかを明らかにしておく必要がある。この場合、ライセンサーの最新の改良技術の特許権の終期まで契約期間が及ぶことになるので、ライセンサーとしては、改良技術を許諾する期間について慎重な検討が必要となる。また、契約期間の延長または更新を認める場合にはその条件と期間を明確に定めるべきである。さらに、当事者それぞれの付随的な権利義務に関する延長の可否についても規定する必要がある。契約解除は、当事者の一方の破産、支払不能または第三者による合併・買収等によって当事者に対する実質的な支配関係が変化することなどによって生ずる場合と契約の重大な違反によって生ずる場合がありうる。どのような具体的な事由によって解除権を発動できるのか契約上明記しておかなければならない。なお、当事者の合意によって中途解約できることはいうまでもない。当初のライセンス契約において、解消後の細目を合意することは実際上困難であり、またライセンス関係の態様により定めるべき内容も変わってくるが、解消によりビジネス上大きな影響を受ける当事者にとっては、解消後の当事者の権利・義務に関する基本的な枠組みを設けておきたいところである。解消時には、当事者の利害が鋭く対立し、些細なことでも合意に達することは容易ではない。ここでは単純なライセンス関係を前提として検討するが、以下のような基本的な問題について契約上明記することが必要と考えられる。

(b) 期間満了による解消後の当事者の権利・義務

期間満了の場合、すべてのロイヤルティの支払いは完了しており、ライセンサーは、ロイヤルティ支払済みのライセンスとして、ノウハウを

含む秘密情報の使用継続を認めるのが通常である。この場合、ライセンサーによる改良技術についての情報を開示し許諾する義務は、期間満了前の、例えば2～3年前に終了するように設定するのが賢明である。これによってライセンサーは、期間満了直前の開示を避けるとともに、ライセンシーに契約更新を促すことができる。ライセンス契約において、許諾技術のライセンスとともに商号または商標のライセンスも許諾されていた場合、ライセンス期間の満了とともに商号・商標のライセンスも終了するのが通常である。

(c) 期間満了前解除による解消後の当事者の権利・義務

解消事由がライセンシーに生じ、ライセンサーが解除権を発動する場合、ライセンシーは、すべての秘密情報を返還し、許諾され開示された秘密情報（ノウハウを含む）の使用禁止が要求される。許諾された商号・商標のライセンスも当然ながら終了する。また、許諾技術に基づいて製造された許諾製品の在庫の処分についてもライセンサーの指示に従わなければならない。解除事由がライセンサーに生じ、ライセンシーが解除権を発動する場合、ライセンシーの要請に従い、許諾特許または許諾技術に基づくライセンスの継続を認める必要が生じてくる。とりわけ、当該ライセンスが共同研究開発型である場合にはその必要性は強い。ライセンシーに研究開発の継続などのインセンティブがあるとき、ライセンシーがライセンスを継続することができる旨ライセンス契約において規定する。この場合、ロイヤルティの合理的な減額について当事者は合意することが必要である。なお、前述の期間満了および期間満了前解除のいずれの場合においても、秘密保持義務は残存し、また、ライセンシーによる一定期間の会計帳簿保存義務は残る旨契約上明記しなければならない。

3　ライセンサーの義務

(1) 許諾技術の保証

(a) ライセンサーによる合理的な保証

　国際技術ライセンスにおいては、円滑な技術移転の観点から、許諾技術の性能保証についてライセンサーの義務はどのように考えるべきであろうか。ライセンシーとしては、ライセンサーが自らの技術を許諾し、そして所定の性能の未達成が生じ、それがライセンサーに起因するならば、ライセンサーがその損害を負担するのが当然であり、できるだけ多くをライセンサーに負担させたいところである。ライセンシーは、ライセンサーの技術を信頼したがゆえに、その保証とあいまってプラント建設などの多額の資金を投じたと主張するかもしれない。しかし、あまりに厳しい要求はかえって技術移転の障害となり、ライセンス契約そのものの交渉を不成立にするおそれがある。ライセンサーの立場からは、第1に、ライセンシーは、ライセンサーの技術を評価した上で技術導入を決定したのであるから、それに伴うリスクは相当程度負うべきである。第2に、ライセンサーの収入はロイヤルティのみであり、少なくともその責任はその収入に見合ったものとすべきで、その収入の範囲内でしか負担できないものである、とライセンサーは主張するであろう。さらに、ライセンサーとしては、契約締結時点においてはライセンシーの技術レベルやその既存ないし新設のプラントの機器について未知の部分が多く、性能基準をすべて達成するのに障害となる要素が数多く存在する、ということもできる。ライセンサーは、技術移転において、例えば、結果責任までも負担することは予定しておらず、ライセンシーもまた交渉の過程においてそのことを認識しているのが通常であるといえる。むしろ、技術移転という取引関係は、このような当事者の理解を前提としたものであり、国際技術ライセンスにおいてはライセンサーのリスクが大きくなるだけにいっそうそのようにいうことができる。したがって、ライセンサーの責任は、原則としてその収入の範囲内で負うと

することが国際技術ライセンスの目的および両当事者の利害に適うところであり、ライセンス契約の交渉もこのような前提の下で行われるべきである。

(b) ライセンサーによる性能達成のプロセスと保証の内容

性能基準を達成するためのプロセスは、ライセンサーとライセンシーとの共同作業であることを認識する必要がある。ライセンシーとしても、できるだけ速やかに性能基準を満たす技術を受け取ることがその利益に合致する。そこで、性能基準を達成するためのライセンシーの新しいプラントにおける試運転を例として、このプロセスを検討する。試運転の段階に至るまでに、ライセンシーは、プラントの運転に必要な所定の規格を満たした原材料・用益等を供給する準備、適格なプラントの運転要員の十分な配置、ライセンサーが供与するオペレーション・マニュアルに従ってスタートアップの手順の完了、およびライセンサーの助言に対応するプラントの機器の変更ないし手直しの完了の諸準備を終えていることが必要である。これらは、性能基準を達成するための試運転に必要な前提条件であり、ライセンシーの義務として国際技術ライセンス契約に規定される。上記の準備行為がすべて整った段階で、新プラントのスタートアップが、ライセンシーの運転員によって、ライセンサーから派遣された技術者の立会いの下、オペレーション・マニュアルに従って行われる。1回の試運転の期間、手順等はライセンス契約に定められる。1回の試運転によって性能基準を達成できれば、ライセンサーによる保証を満足したことになるが、達成できない場合には、ライセンサーはその原因を分析し、機器の変更・手直しや運転条件の変更を助言することになる。そして2回目以降同じ手順が繰り返される。ライセンサーとしては円滑な技術移転に責任を負っている以上、少なくとも3回ないし5回程度の繰り返しは必要であろう。問題は、さらに試運転を繰り返しても性能基準を達成できない場合にライセンサーの責任はどうなるかである。当事者間の交渉によってライセンス契約に定めることになるが、大きく2つのタイプに分けて考えることができる。1つは、性能

基準が達成されるまで、あるいはライセンシーが許容するまで何度でも試運転を繰り返す。他は、試運転の上限回数を定めておいてそこで打ち切り、ライセンシーの損失をなんらかの形で補償する。

免責と性能基準未達成の責任　国際技術ライセンス契約に定められた条件に従い上限の回数まで繰り返された試運転の結果、性能基準がライセンサーに起因して達成されえなかった場合、ライセンサーの責任はどのように考えるべきであろうか。ライセンサーとしては、この段階に至るまで円滑な技術移転に最大限の努力を尽くした以上、国際技術ライセンス契約上の義務は金銭的な損害賠償義務に転ずるとすべきである。しかし、前述したようにライセンサーが結果責任についてまで責任を負うとすることは、技術移転というライセンス契約の性質から妥当ではなく、また、この問題をライセンス契約の準拠法という一般法の解釈に委ねることもライセンス当事者、とりわけライセンサーの意図に反するのが通常である。むしろ、ライセンサーの責任を限定することを考える必要がある。国際技術ライセンスにおいてはとくに技術移転のリスクが大きくなるだけに、その必要性は高いといえる。ライセンサーの責任を限定するには、一般的に損害賠償額の予定として構成する方法が考えられ、具体的には、金額的に最高額を設定する方法とロイヤルティを減額する方法がある。ライセンサーの性能基準未達成の責任を限定するためには、後者が一般的に適切であるが、後者は、さらに、支払い済みロイヤルティの総額の減額、将来のランニングロイヤルティの料率の減額、あるいは両者の組み合わせが考えられる。

（2）許諾特許権の強制

　ライセンサーは、国際技術ライセンス契約上の技術供与義務の一環として許諾特許権の強制について責任を負うが、どのような範囲まで負うべきなのかその合理的な基準は必ずしも明らかではない。

(a) ライセンス契約締結時における特許問題

ライセンサーは、第三者にライセンスを許諾するに当たっては自らの特許権の強さと弱さ、商品としての価値などを十分に検討するが、とりわけ当該ライセンスの実施が第三者の特許権を侵害するかどうかについては慎重な検討が必要である。

(b) ライセンサーによる特許リサーチ

ライセンサーは、その専門家（企業においては知的財産部門および研究部門）により、関連する第三者の特許権について原則としてすべて、国際技術ライセンス契約時点における侵害性を吟味する必要がある。重要な、問題のありそうな第三者の特許権については、独立した、信用のある外部の特許弁護士による鑑定書を準備しておくことが不可欠である。

(c) ライセンシーによる第三者特許権の侵害

ライセンシーが許諾されたライセンスを実施した結果、第三者が自己の特許権を侵害するとしてライセンシーに警告を発し、訴訟を提起すると主張してきた場合、ライセンサーはいかなる対応をするのであろうか。ライセンス契約においてライセンサーとライセンシーの責任ないし義務を定めることになるが、大きく2つの対応がありうる。第1は、ライセンシーが主として当該第三者に対応することとし、ライセンサーはライセンシーを技術的、人的に支援する立場をとる。ライセンサーは、訴訟の被告となっていないときには、訴訟に参加することとする。この対応は独占的ライセンスにおいて通常見受けられる。第2は、ライセンサーが当該第三者に対応し、ライセンシーはこれを支援する。前者の対応は、ライセンスの売り切り・買い切りにすぎない技術売買型ライセンス関係にしばしばみられる。ライセンシーが相当の技術力と規模を有する企業であれば十分に対応することができるし、ライセンサーとしてもできるかぎりの支援をして、訴訟にも参加するのであるからライセンシーとしても許容できる場合もある。しかし、ライセンシーとしては、ライセンサーは許諾したライセンスに基本的に責任を負うべきであって、ライセンシーが防衛行為をするが、その費用はすべてライセン

サーに求償することができるのが当然と考えるであろう。一方、ライセンサーとしては、すべての費用を負担するのであれば、むしろ自ら防衛行為をするのがその利益を最も守ることができると考えるかもしれない。いずれにしてもライセンサーが積極的に対応しなければ、許諾したライセンスの価値は減ずることとなり、当該のライセンス関係のみならず、将来のライセンス関係に悪影響を及ぼすことになる。したがって、ここでは後者の対応におけるライセンサーとライセンシーの責任と義務を検討する。そして、実際の相互関係の緊密度の濃淡に応じて、ライセンサーの責任を減じていく方向でライセンス契約の規定を設けるのが現実的な方法である。

(d) 防衛行為におけるライセンサーとライセンシーの関係

ライセンサーが原則的に防衛行為を行うに当たっては、ライセンシーは、ライセンサーを支援し、あるいはライセンサーの行為を阻害しない立場で次のような義務を負う。第1に、ライセンシーに対して第三者から特許侵害のクレーム、訴えまたはそれらのおそれが生じたときは、ライセンシーは速やかにライセンサーに文書で知らせる。第2に、ライセンサーの事前による同意なくしては、ライセンシーは、それらのクレームや訴えに対して和解をしない。第3に、ライセンシーは、訴訟や和解の妨げとなるような容認や論争をしない。第4に、ライセンシーのロイヤルティ支払いの義務は変わらない。第5に、ライセンシーは、ライセンサーに対してそれらのクレームや訴訟に対処するための技術的、専門的な助言・協力および人材の提供等の支援を行う。以上のようなライセンシーの義務の履行を前提として、ライセンサーは、自らの費用でそれらのクレームや訴えにいつでも対応し、防衛し、あるいは和解する義務を負うことになる。そして最終的には裁判所により、あるいは和解において決定されたすべての損害と費用について、ライセンサーはライセンシーに補償しなければならない。

(e) 敗訴の場合のライセンサーとライセンシーの関係

ライセンサーが第三者の提起した訴訟に最終的に負けた場合、ライセ

ンサーとライセンシーがどのような義務を負うかについても国際技術ライセンス契約において定めておく必要がある。最終的に裁判所の決定により、当該ライセンスの実施である製造・使用・販売が差し止めまたは禁止された場合、ライセンサーは、例えば、次のようなオプションをもつような規定を設けることが考えられる。第1に、ライセンシーがその製造・使用・販売を再開できるように、ライセンサーは当該第三者からライセンシーのためにライセンスを取得する。第2に、ライセンサーは、ライセンシーがその製造・使用・販売を再開できるような非侵害の技術を他からライセンシーのために取得する。ライセンサーが上記いずれのオプションも合理的な条件で行使することができないときは、その旨ライセンシーに通知し、代わってライセンシーがその費用で上記2つのオプションを行使できることとする。ライセンシーがいずれかのオプションを行使した場合、すでにライセンサーに支払い済みのロイヤルティの返還は行われないが、ライセンシーは、将来のロイヤルティの額からオプションの行使に伴って支払った金額を差し引くことができるとすべきである。さらに最悪の場合としては、ライセンサー、ライセンシーのいずれもオプションの行使の結果が失敗に終わったときには、国際技術ライセンス契約は終了するものとせざるをえない。

(3) 第三者による許諾特許権の侵害

　第三者がライセンサーの許諾した特許権を侵害した場合には、ライセンサーは、許諾特許権の所有者として第三者に対し断固とした態度をとる必要がある。もっとも、かかるライセンサーの責任は、非独占的ライセンスの場合には契約上の義務として問われないと考えるべきである。非独占的ライセンシーは、許諾地域において当該ライセンスを独占的に享受する地位を与えられていないからである。しかし、非独占的ライセンスの場合においても、ライセンサーは自らの利益を守るために侵害者に対して積極的に行動する必要性が生じているといえる。ライセンサーとしてとりうる手段は、大きく和解戦略と訴訟戦略の2つに分けて考

えることができる。

和解戦略　ライセンサーが許諾特許権の侵害者に対して和解戦略をとる場合、ライセンスを許諾することを前提にロイヤルティの額を交渉の武器とする方法が考えられる。

訴訟戦略　許諾特許権の侵害者が多数存在する場合、ライセンサーはどのような訴訟戦略をとるのであろうか。次のような2つのアプローチが考えられる。第1は、まず当該業界のリーダーである1ないし2社を訴える。そして訴訟において優勢であれば、残りの侵害者にライセンスをオファーし、受け入れなければ訴訟を提起する。第2は、当該業界における侵害者の大多数を最初から訴える。この場合製造業者のみならず、卸売業者、小売業者も含めることとする。さらに、ユーザーも訴訟の対象とすることが考えられる。ライセンサーの現実的かつ効果的な訴訟戦略は、侵害者の態様に応じて上記二者の間に存在する。例えば、競争業者である製造業者については、当該特許権の侵害者である以上、1～2社のみならず大手企業とその流通業者ないしユーザー（ライセンサーと取引関係のない）を最初から訴えの対象とすれば効果的と考えられる。

侵害者に対するライセンサーのアクション　ライセンサーの許諾特許侵害者に対する責任を国際技術ライセンス契約においてどのように定めるべきであろうか。独占的ライセンスにおいて、ライセンサーは、独占的ライセンシーに対してどこまでの責任を負うかである。まずいずれの当事者も、第三者が許諾特許権を侵害あるいは不正使用していることを知ったときには、相手方に速やかに通知しなければならない。ライセンサーは、そのような侵害・不正使用に対して、例えば、自らの名または両者の名において、その費用負担で訴訟を提起する、あるいは損害を回復し、そのような侵害・不正使用を止めさせるのに必要なアクションをとる、といういずれかのオプションを行使することができることとする。問題は、いずれかのオプションの行使をライセンサーの絶対的な義務とするかどうかであ

る。最初からそこまでの義務をライセンサーに負わせることが酷な場合
もありうる。例えば、ライセンサーの義務を次のように2段階に分け
て定めることも考えられる。ライセンサーが上記いずれかのオプション
を行使することを望むときには、侵害の通知後、例えば6か月以内に
その旨ライセンシーに通知するものとし、ライセンシーは、自らの費用
でそのライセンサーの訴訟またはアクションに参加することができる。
そして、ライセンシーが参加し、当該オプションの行使が成功して損害
を回復することができたときには、まずライセンサーがそのために被っ
たすべての費用に充当し、次いでライセンシーのすべての費用に充当し
た後、残る金額があれば両者で平等に分けることとする。ライセンサー
が後者のアクションを行使したが失敗に終わった場合、あるいは上記6
か月以内にいずれのオプションも行使しない場合には、そのまま放置
すればビジネスに重大な悪影響を及ぼすとライセンシーが判断すると
き、ライセンシーは、そのような侵害を阻止するための訴訟の成功の可
能性について独立した特許弁護士の鑑定を求めることができる。かかる
鑑定によれば訴訟が負けるよりも勝つ蓋然性の方が高いということであ
れば、ライセンシーはその旨ライセンサーに通知し、ライセンサーは速
やかに訴訟手続を開始するものとする。

4　ライセンシーの義務

(1) 改良技術のグラントバック

　ライセンサーは、①ライセンシーの改良技術に対応してその技術的指
導ないし援助を提供することができるようにする、②ライセンシーの改
良技術を他のライセンシーと分かつことにより改良技術交換のネット
ワークを発展させる、③許諾製品を業界標準として維持する、というよ
うな目的のために、ライセンシーの改良技術にアクセスすることを期待
する。ライセンシーとしては、ライセンサーの改良技術を許諾技術に密
接に関連するものとしてあるいはその対象の範囲に含めて取得すること
を望み、ライセンサーとしては、ライセンシーの改良技術をグラント

バックさせて利用することを望むのが通常である。とりわけ、ライセンサーがライセンシーの技術開発力に期待して許諾技術を供与する場合は、ライセンシーからの改良技術のグラントバックは、ライセンス契約の主たる目的ともいえる。

(a) 改良技術の範囲と対価

改良技術を当初の許諾技術とどのように線引きするかは、許諾技術の定義にかかわる技術的な記述の問題であるだけでなく、ライセンサーにとっては改良技術の交換という技術戦略の観点から検討すべき重要な問題である。ライセンサーへのグラントバックは、ライセンシーにインセンティブを与えるために非独占的であることが原則と考えられる。アサインバックや独占的グラントバックは、競争法の観点からも避けるのが賢明である。ライセンサーの観点からは、グラントバックされたライセンシーの改良技術のサブライセンスの権利を享受したいところであり、ライセンシーに許諾された本来のライセンスにサブライセンスが認められている場合には、ライセンシーもこれを受け入れることに抵抗はないと考えられる。グラントバックを有償とするかどうかも、ライセンシーへのインセンティブの観点から、いわゆる重大な改良技術については有償とするのが通常である。もっとも、その具体的な基準をあらかじめライセンス契約に織り込むことは難しく、ライセンサーとライセンシーの技術交換会のような場における情報交換を通じて具体的基準を確立することが望ましい。

(b) 改良技術の帰属

改良技術の発明者がその改良技術を所有し、特許出願権をもつのが原則である。当該発明者が帰属するライセンシーが職務発明のルールにより所有者となり、特許出願権を有することとなる。改良技術の交換を通じて共同開発的なライセンス関係が構築されている場合には、ライセンシーが特許出願をしない、あるいは特定の国にのみ出願するときは、ライセンサーに当該特許の出願をする、あるいは他の国に出願する機会を与えるようなシステムを設けることが考えられる。

(2) 独占的ライセンシーの最善努力義務

　ライセンス契約において、ライセンシーは、許諾技術の実施に関してどのような義務をどの程度負うのであろうか。わが国においては、独占的ライセンシー（専用実施権者および独占的通常実施権者）は、契約上当然に実施義務を負うと解されている。ライセンサーは、ライセンシーの実施を期待したからこそこれに独占的に実施権を与えたものと解される、そして特許発明の利用および収益はすべてライセンシーに委ねられ、実施義務を認めない限り、ライセンシーが実施をしない場合、ライセンサーとしては拱手傍観せざるをえない不合理な結果となることなどがその理由とされる。一方、非独占的ライセンシー（非独占的通常実施権者）については、ライセンサーはライセンシーと並んで自ら製造および販売をなし、または他の者に実施権を付与することができることから、特約がない限り実施義務は負わない。

　(a) 最善努力義務の抽象性

　ライセンシーの最善努力義務がライセンス関係において黙示的に存在するかどうかは、きわめて曖昧な境界に属する問題であり、個々のライセンス契約における裁判所の判断にかかっている。ライセンサーがライセンスの許諾によって得るものが、ライセンシーによるライセンスの実施の成功いかんによっているとき、裁判所は、かかるライセンサーのライセンシーに対する信頼に応えるべく当該ライセンス契約を吟味して、ライセンシーに黙示の最善努力義務があるかどうかを判断する。この場合、非独占的ライセンシーに対しては最善努力義務の黙示的存在は認められない。ライセンシーの地位は非独占的なものにすぎず、黙示の最善努力義務の存在に見合っていないからである。一方、独占的ライセンシーに対しては、裁判所はこの義務をしばしば認めている。もっとも、その判断は個々のライセンス契約における事実関係いかんによっている。

　(b) 最善努力義務と特定結果達成義務

　ユニドロワ国際商事契約原則によれば、当事者の債務が特定の結果を

達成する義務にかかわる場合には、その当事者は、当該結果を達成する
義務を負い、当事者の義務が、ある業務の履行につき最善の努力をする
義務にかかわる場合には、その当事者は、同じ部類に属する合理的な者
が同じ状況の下においてなすであろう努力をする義務を負う。特定結果
達成義務の場合、当事者は単に約束した結果を達成する義務を負い、不
可抗力のときは別として、その達成不成功はそれ自身で不履行となる。
一方、最善努力義務の不履行の評価は、同じ部類に属する合理的な者が
同じ状況の下においてなすであろう努力との比較に基づき、より厳格で
ない判断の問題となる。契約関係にある当事者は、本来的にあるいは潜
在的には利害が対立しうる者であり、時間の経過または環境の変化に応
じてそれが顕在化することがしばしばである。一見客観的な判断ができ
そうな最善努力義務の内容も、当事者の立場によって大きく相違するこ
とがあり、その内容と程度の解釈あるいは不達成の効果に関して当事者
間に紛争が生じる余地が残される。

(c) ライセンシーの果たすべき義務の具体的基準

　最善努力義務が存在するかどうか、どのような内容の義務か、さらに
その義務の範囲ないし程度はどうかについて、黙示の場合はもちろんの
こと、明示でも幅広い言葉で表現された場合には判断の拠り所となる確
たるものは存在しない。したがって、最善努力義務条項を含む契約を締
結する当事者は、きわめて不確かなかつリスクのある状況に置かれるこ
とになり、必然的に将来に論争の火種を残す結果となる。最善努力義務
は、これを判断する者の立場によって大きく変わることがあり、本来的
に主観的な判断基準に基づくものであるといえる。ライセンシーの努力
義務の達成をめぐって紛争が生ずることを避けたい点においては、ライ
センサーとライセンシーの利害は一致するが、どのような種類の義務を
ライセンシーに負わせるかについては、両者の立場は相反する。前述し
た最善努力義務をめぐる不確実さ・リスクを軽減するために、契約上の
枠組みを設けることは可能であろうか。1つの枠組みとして、以下のよ
うにできるだけ具体的な基準の範囲内でこの義務をライセンシーに果た

させるように明文化することが考えられる。まず、第1に、最善努力義務としてどのような義務が対象となるのか明確にする。第2に、ライセンシーがなすべき業務をできるだけ詳しく列記する。第3に、資金的・人的制限を設けて、その範囲内でライセンシーの義務を尽くさせる。これに代えて、ライセンシーが費やす資金と人材について最大と最小の幅を設けることも1つの方法である。第4に、期間的制限を設けて、ライセンシーがその特定の期間内は最善努力義務を果たすことを要求する。他の枠組みとしては、最低ロイヤルティの設定と組み合わせて、独占的ライセンシーが、所定の期間、所定の最低ロイヤルティを支払うことができなければ、ライセンサーは、独占的ライセンスを非独占的ライセンスに転換する権利をもつ旨を規定することが考えられる。

5　アメリカ反トラスト法による規制

(1) アメリカ反トラスト法による一般的評価

アメリカ司法省と連邦取引委員会は、2017年1月、「知的財産のライセンスのための反トラストガイドラインを公表した。ガイドラインによれば、知的財産法と反トラスト法は、技術革新を促進し、消費者厚生を増大させるという共通の目的を分けもっている。ガイドラインは、次のような3つの一般原則を具体化している。第1に、反トラスト分析のために、当局（司法省および連邦取引委員会）は、特定の知的財産権の特有の性格を考慮しつつ、他の財産に係る行為に適用するのと同じ分析を知的財産に係る行為に適用する。第2に、当局は、知的財産が反トラストの状況における市場支配力をつくり出すとは推定していない。第3に、当局は、知的財産ライセンスが企業に補完的な生産要素を結合させ、一般的に競争促進的であると認識している。

(a) 関連市場

当局は、典型的には、ライセンス協定によって影響を受ける製品市場におけるライセンスの反競争的効果を分析する。しかし、他のケースにおいては、当局は、技術市場または研究開発市場における効果を分析す

る技術市場は、ライセンスされた知的財産および、その密接な代替物、すなわちライセンスされる知的財産に関して市場支配力の行使を実質的に制限するに十分なほど密接な代替物である技術または商品から構成される。知的財産の権利が、それらが使用される製品から分離されて取り引きされる場合は、当局は、技術市場におけるライセンス契約の競争的効果を分析する。研究開発市場は、商業化できる製品の見分けに関係する、または特定の新しいまたは改良された商品またはプロセスに向けられた研究開発を含む資産およびその研究開発の密接な代替物から構成される。

(b) 水平的および垂直的関係

他の財産協定と同じく、知的財産ライセンス協定の反トラスト分析は、協定の当事者間の関係が主として水平的または垂直的性格のものであるかどうか、もしくは両者の実質的側面を有しているかどうかを吟味する。ライセンス協定は、それが補完的関係にある活動に影響を与えるときは、垂直的構成要素をもっている。この垂直的構成要素に加えて、ライセンス協定は、水平的構成要素も有している。分析目的のために。当局は、通常、ライセンサーとそのライセンシー間の関係、またはライセンスがない場合に関連市場において実際のまたは潜在的な競争者であったであろうときにライセンシーが水平的構成要素を有するものとして、たとえ垂直的な関係も存在するとしても、ライセンシー間の関係を取り扱う。

(c) ライセンス制限を評価するためのフレームワーク

ほとんどのケースにおいて、知的財産ライセンス契約における制限は、合理の原則の下で評価される。合理の原則の下でライセンス制限を分析する当局の一般的手法は、制限が反競争的効果をもちそうであるかどうかを問うことであり、そうであれば、制限が、それらの反競争的効果を上回る競争促進的便益を達成するために合理的に必要であるかどうかを問うことである。ライセンスにおける一定の制限が当然違法または合理の原則の取扱いを受けられるかどうかを決定するために、当局は、

当該制限が、経済的活動の効率性を向上する統合に貢献することが期待
されうるかどうかを評価する。一般的に、ライセンス契約は、ライセン
サーの知的財産をライセンシーにより所有されている補完的生産要素と
結合することを促進するので、そのような統合を促進する。ライセンス
契約における制限は、例えば、ライセンスされた技術の開発およびマー
ケティングを促進するためにライセンサーとライセンシー間のインセン
ティブを結びつけて、あるいは取引コストを著しく引下げることによっ
て、さらにそのような統合を促進する経済活動の効率性を向上する統合
がなく、制限のタイプが当然違法の扱いを受けてきたものであれば、当
局は当然違法のルールに基づき制限に挑戦する。さもなければ、当局は
合理の原則ルールを適用する。

(2) 合理の原則に基づく当局のライセンス契約の評価に関する 一般原則

　反競争的効果の分析　ライセンス契約における制限から起因する反
競争的効果の存在は、以下に述べる分析に基
づいて分析される。

　①　市場構造、協調および締出し　ライセンス契約が水平的な関係
にある当事者に影響を与えるとき、その協定における制限は、協調され
た価格、産出制限、または市場支配力の獲得および維持のリスクを増加
する。競争に対する害はまた、協定が、新しいまたは改良された商品ま
たはプロセスの開発を遅らせるまたは制限する実質的なリスクを負わせ
るならば、生じる。

　②　独占に係るライセンス協定　ライセンス契約は、2つの異なる
面で独占を伴う。第1に、ライセンサーは、他者にライセンスする、
およびおそらく技術自身も使用するというライセンサーの能力を制限す
る独占的ライセンス、もしくは1つまたはそれ以上の部分的な独占的
ライセンス（領域的または使用分野ライセンスのような）を許諾する。一
般的に、そのような反トラストの懸念は、ライセンサー間、またはライ

センシー間、もしくはライセンサーとライセンシー間の水平的関係があるときにのみ生じる。反トラスト懸念を起こさせる独占的ライセンスに係る協定の例は、市場支配力、グラントバック、および知的財産権の獲得を共同して所有する競争者によるクロスライセンスに係るものである。

　独占の２番目の形態である独占的取引は、ライセンシーが競合する技術をライセンスすること、販売すること、流通させること、または使用することをライセンスが妨げまたは制限するときに生じる。

　③　効率性および正当化　　前述した市場要素の評価に基づき、当局が、ライセンス契約の制限は反競争的効果をもちそうにないとの結論を下すならば、当局はその制限に挑戦しない。当局が、制限は反競争的効果をもっているまたはもちそうであるとの結論を下すならば、当局は制限が競争促進的効率性を達成するために合理的に必要であるかどうかを考慮する。制限が合理的に必要であるならば、当局は、各関連市場における競争に対するありそうな純効果を決定するために、競争促進的効率性と反競争的効果を比較衡量する。

　④　反トラスト安全圏　　ライセンス契約はしばしばイノベーションを促進し、競争を高めるので、当局は、安全圏がある程度の確実性を提供し、こうしてそのような行為を奨励するために有用であると信じている。当局は、(i)制限が外形的に反競争的でなく、かつ(ii)ライセンサーおよびライセンシーを合わせて制限によって実質的に影響を受けるそれぞれの関連市場の 20 ％より多くない割合を占めるのであれば、知的財産ライセンス協定における制限に挑戦しない。この安全圏は、結合分析が適用される知的財産権の譲渡には適用されない。

　技術間の競争または研究開発における競争についての効果の吟味が要求され、かつ市場シェアのデータが手に入らないまたは正確に競争的意味を示していないのであれば、次の安全圏基準が適用される。異常な環境がなければ、当局は、(i)制限が外形的に反競争的でなく、かつ(ii)ユーザーにとって比較可能なコストでライセンスされた技術に代替する、ラ

イセンス協定当事者によりコントロールされている技術に加えて独立してコントロールされている4以上の技術があるならば、技術市場の競争に影響を与える知的財産ライセンス協定における制限に挑戦しない。研究開発市場における潜在的な効果に関しては、当局は、(i)制限が外形的に反競争的でなく、かつ(ii)ライセンス契約の当事者に加えて独立してコントロールされている4以上の実体が、要求された専門化した資産または特性およびライセンス協定当事者の研究開発活動の密接な代替である研究開発に従事するインセンティブを所有しているならば、知的財産ライセンス契約における制限に挑戦しない。研究開発市場における潜在的な効果に関しては、当局は、(i)制限が外形的に反競争的でなく、かつ(ii)ライセンス契約の当事者に加えて独立してコントロールされている4以上の実体が、要求された専門化した資産または特性およびライセンス協定当事者の研究活動の密接な代替である研究開発活動に従事するインセンティブを所有しているならば知的財産、ライセンス契約における制限に挑戦しない。

(3) 一般原則の適用

水平的制限　　水平的関係にある当事者に影響を与えるライセンス協定における制限（水平的制限）の存在は、その契約が必然的に反競争的であるとするものではない。水平的競争者間のジョイントベンチャーのケースの場合のように、そのような競争者間のライセンス協定は、それらが統合的効率性に帰着するならば、競争を阻害するよりもむしろ促進する。そのような効率性は、例えば、規模の経済の実現および補完的な研究開発の統合から生じる。

価格維持　　最低再販売価格維持（PRM）は、製造者が、その再販売者に特定の最低価格でまたはそれ以上で製造者の製品を販売することを要求する垂直的価格協定に典型的に言及している。類似の協定は、ライセンサーがライセンスされた技術を組み入れる製品の再販売価格をライセンスの条件とするとき、知的財産の状況において生じ

うる。商品の販売に適用される PRM 契約についてと同じく、当局は、知的財産ライセンス契約における価格維持に合理の原則の分析を適用する。

抱き合わせ協定　知的財産の1つ以上の種目をライセンスするライセンシーの能力を、知的財産の別の種目または商品またはサービスのライセンシーによる購入に条件づけることは、いくつかのケースにおいて違法な拘束を構成すると判断されてきた。抱き合わせ協定は、反競争的効果に帰着するけれども、そのような協定はまた実質的な効率性および競争促進的便益に帰着することもありうる。当局は、彼らの起訴上の裁量を使って、抱き合わせに帰することができる反競争的効果と効率性の両方を考慮する。当局は、(i)売手が抱き合わせる製品において市場支配力をもっている、(ii)協定が、抱き合わせる製品または抱き合わされる製品の関連市場において競争に悪影響の効果をもっている、および(iii)協定のための効率性の正当化が反競争的効果を上回らないならば、抱き合わせ協定に挑戦しようとする。

　一括ライセンス（たった1つのライセンスでまたは関係のあるライセンスのグループで知的財産の多くの種目をライセンスすること）は、1つの知的財産権のライセンスが、別の、分離した知的財産権のライセンスの受け入れを条件としているならば、抱き合わせ協定の形態である。一括ライセンスは、いくつかの環境の下で効率性を向上させることができる。マルティプルライセンスが知的財産のたった1つの種目を使用する必要があるとき、例えば、一括ライセンスは、そのような効率性を促進する。一括ライセンスが抱き合わせ協定を構成するならば、当局は、他の抱き合わせ協定に適用するのと同じ原則に基づきその競争的効果を評価する。

排他的取引　知的財産の状況において、排他的取引は、ライセンシーが競合する技術をライセンスする、販売する、流通させるまたは使用することをライセンスが妨げるときに生じる。独占的取引は、合理の原則に基づいて評価される。独占的取引が、関連市場

における競争を減少しそうであるかどうか決定する際に、当局は、取引が(i)ライセンサーの技術の探求および開発を促進する、および(ii)競合する技術の探求および開発を反競争的に閉め出す、またはさもなければ、競合する技術の間の競争を制限する程度を考慮する。

クロスライセンスおよびプーリング協定

クロスライセンスおよびプーリング協定は、知的財産の異なる種目の2以上の所有者が、お互いにまたは第三者にライセンスするための合意である。これらの協定は、競合する技術を統合し、塞がっている立場を取り除き、かつコストのかかる侵害訴訟を避けることによる競争促進的便益を提供する。技術の普及を促進することにより、クロスライセンスおよびプーリング協定はしばしば競争促進的である。クロスライセンスおよびプーリング協定は、一定の環境において反競争的効果をもちうる。例えば、共同の価格設定または協調された産出制限を伴う、プールされた知的財産権の共同マーケティングのような、プーリング協定における共同の価格または産出制限は、参加者間の経済的活動の効率性を向上させる統合に貢献しなければ、違法であるとみなされる。クロスライセンスまたはプーリング協定が露骨な価格協定または市場分割を達成するためのメカニズムであるときは、当然違法のルールに基づく挑戦に従うことになる。知的財産権のクロスライセンスを含む和解は、訴訟を避けるための効率的な手段となりうる。しかし、そのようなクロスライセンスが水平的競争者を含むときは、当局は、和解の効果が、クロスライセンスがなければ関連市場において実際のまたは潜在的競争者であったであろう実体の間の競争を減少させることであるかどうかを考慮する。相殺する効率性がなければ、そのような和解は通商の違法な制限として挑戦される。

プーリング協定は、一般的に、参加したいすべての者に開かれている必要はない。しかし、市場支配力を共同して所有する当事者の間のクロスライセンスおよびプーリング協定からの排除は、いくつかの環境下では競争を害する。一般的に、競合する技術の間のプーリングまたはクロ

スライセンス協定からの排除は、(i)排除された企業がライセンスされた技術を取り込む商品の関連市場で効果的に競争することができ、かつ(ii)プール参加者が関連市場において共同して市場支配力を所有していなければ、反競争的効果をもちそうにもない。これらの環境が存在すれば、当局は、参加に対する協定の制限がプールされた技術の効率的な開発および探索に合理的に関係しているかどうかを評価し、かつ、関連市場におけるそれらの制限の純効果を評価する。プーリング協定の別の可能な反競争的効果は、協定が、参加者が研究開発に従事することを妨げまたは落胆させて、イノベーションを妨害するならば、生じる。

グラントバック

グラントバックは、非独占的であるならば特に、競争促進的効果をもちうる。そのような協定は、ライセンシーおよびライセンサーがリスクを分かち、かつライセンスされた技術に基づきまたはそれにより教えられたさらなるイノベーションを可能にするためにライセンサーに報いるための手段を提供し、かつ、これらの便益のいずれも、最初にイノベーションを促進し、イノベーションの結果のその次のライセンスを促進する。しかしながら、グラントバックは、それらが研究開発に従事するライセンシーのインセンティブを実質的に減少し、それによって競争を制限するならば、競争に悪影響を与える。

非独占的グラントバックは、ライセンシーがその技術を実施し、他者にライセンスすることを可能にする。ライセンシーが他者に改良技術を自由にライセンスするままにする非独占的グラントバックは、競争を害するおそれはより少ない。

知的財産権の獲得

知的財産権の一定の譲渡は、結合を分析するために用いられる原則および基準、特に2010年水平的結合ガイドラインを適用することにより最も適切に分析される。当局は、知的財産所有者による知的財産のすべての権利の販売、ならびに人が許諾、販売または他の譲渡を通じて知的財産の独占的ライセンス（すなわち、ライセンサーを含むすべての他の人達を排除するライセンス）を

獲得する取引に結合分析を適用する。

無効なまたは強制不可能な知的財産権　当局は、反トラスト違反として無効な知的財産権の強制に挑戦する。特許商標庁に対する詐欺により獲得された特許の強制またはその試みは、そのほか起訴を立証するに必要なすべての要素が証明されるならば、シャーマン法または連邦取引委員会法に違反する。特許商標庁に対する不公正な行為は、その行為が故意を含まず、かつシャーマン法2条主張の他の要素が提示されていなければ、2条主張のベースではない。いくつかの環境において詐欺に足りない不公正な行為によって獲得された特許の実際の強制またはその試みは、連邦取引委員会法5条違反の可能性がある。さらに、知的財産を強制する偽りの訴訟は、シャーマン法違反の要素を構成することもある。

第5章

国際事業提携

1 国際事業提携のフレームワーク

【国際事業提携の目的】

競争者間の事業提携　グローバリゼーションと情報革新の現代における事業提携は、競争者間の提携が非競争者間におけるものよりも隆盛であり、むしろ主流となっている。競争者間の提携は、競争法上の緊張関係をはらむものであるが、競争する相手方の知識、技術、人材、資産等の事業上の能力を互いに活用することにより、グローバル市場において他の競争者に打ち勝つことを目的とすることから、きわめて戦略的な事業ポリシーといえる。

複数の事業提携関係　事業提携は、当初の目的を達成することができないリスクを内包していることから、いくつかの事業提携関係を並行的に構築しておくことが賢明な場合がしばしばある。しかし、いくつかの提携関係が重なってくると、提携パートナー同士が競合する、あるいは互いにちぐはぐな方向へ動くこともありうる。このような場合、それぞれの事業提携の目的と事業戦略における位置づけを明確にしておかなければ、当該事業提携を成功に導くことはできない。

提携関係構築のための交渉　提携関係の構築のためのフレームワークづくりは、当事者間の交渉の過程においてすでに始まっている。提携交渉は、提携のための条件等を詰める

と同時に、相手方企業の文化や考え方を知る絶好の機会であり、提携関係の構築に向けて、例えば、当事者は次のような考慮を払うのが賢明である。①提携パートナーが互いを知り、とくに衝突の可能性が予期される分野の調整を通じて人材の相性をテストし発展させるために、交渉期間中十分な時間をかけること。②交渉期間中にできるだけ多くの重要な問題を取り上げて解決すること。

事例3　脱炭素が迫る EV シフトをにらんだ車大手間の事業提携戦略

　2021 年 9 月、ホンダが北米で販売する電気自動車（EV）で米ゼネラル・モーターズ（GM）と共通化による事業提携関係に入った。両社は原価ベースで過半の部品が同じ EV を販売し、世界市場での規模を確保する。両社は車台を統一することでモーター、電池、インバータ（電力変換器）も共通化できる。車台の開発コストに加え、同一部品の大量発注で調達コストも減らすことができる。基本設計や基幹部品を統一すると、ホンダと GM の車体の主な差は外観や内装となる。大型 EV では GM の開発成果を共有する。EV はガソリン車に比べ構造が簡素なため、異業種でも手がけやすい面がある。実際、米アップルなどの参入が取り沙汰されている。こういった新たなライバルとの競争に備えるためにも、既存の車大手は規模拡大やコスト削減などで主導権を握る必要がある。

　本件は、自動車の脱炭素規制が強まり欧州などではガソリン車が販売できなくなる時代が迫っており、商品戦略や生産構造の転換に向け、車大手が世界規模での再編に動き出した環境下において、ホンダと GM が生き残りへ規模を拡大するための事業提携戦略である。

事例4　水電解装置大手との提携で水素供給網づくりを目指す事業提携戦略

　伊藤忠商事は、2021 年 10 月、水電解装置大手のネル（ノルウェー）と水素ビジネスの戦略提携を結んだと発表した。まずは共同で販路を開拓する。将来的には伊藤忠の協力企業がネルの装置を使って水素の製造まで手がけ、顧客に輸送する供給網の構築も目指す。ネルは二酸化炭素（CO_2）を出さずに水素を製造できる装置のメーカーで、世界最大規模の生産能力

や販売量をもっている。ネルのノルウェー工場は生産の自動化が進み、生産能力や販売台数は世界最大規模という。装置の大型化も得意で、欧米を中心に電力会社や自動車メーカーなどに納入している。ネルは再生可能エネルギー由来の電力を使ってCO_2を出さずに生産する「グリーン水素」の製造装置に強みをもつ。

　本件は、グリーン水素に不可欠な水電解装置の大手と組むことで、製造部分での知見やネット枠拡大を狙う、伊藤忠の戦略的事業提携である。

事例5　欧米におけるデータセンター事業に共同投資する事業提携戦略

　NTT は、2022年4月、データセンター（DC）事業で豪投資ファンド最大手と提携すると発表した。NTT が欧米で展開する複数の DC 保有会社の株式の過半を豪投資ファンドのマッコーリー・アセット・マネジメントが約1,000億円で取得する。NTT は 25 〜 49 ％程度の出資比率を維持する。これにより欧米拠点の資産の一部をマッコーリーとの共同保有に切り換え、NTT は運営・保守を担う。今後、北米と欧州に新設する DC もマッコーリーと共同で投資する。マッコーリーとの提携の背景には DC の投資負担の重さがある。DC の投資額は1拠点で数百億円規模になることもあり、資金調達が課題となる。NTT は、共同投資にシフトしたほうが事業拡大のスピードを加速できると判断した。

　本件は、DC を自社単独から共同での保有に切り換えることで、固定費を削減し、資金効率を高めること、および欧米で知名度のあるマッコーリーと組むことで、DC 事業の拡大をスムーズにすることを狙う、NTT の戦略的事業提携である。

事例6　オルタナティブ投資分野における日本の銀行と米の大手投資ファンド間の戦略的事業提携

　三井住友トラスト・ホールディングスは、2022年7月、米大手投資ファンドのアポロ・グローバル・マネジメントと資産運用などで業務提携すると発表した。傘下の三井住友信託銀行がアポロのファンドに15億ドル（約2,000億円）を出資し、両社で連携して日本市場向けの商品を開発する。海外では未公開株や不動産といった非上場の資産に活発に資金が流れ込み、ユニコーン（評価額10億ドル以上の未公開企業）育成に役立ってい

るとされる。日本は未公開株投資の規模が海外に比べると小さく、ユニコーンが誕生しにくい要因の1つとなっている。三井住友トラストとアポロの提携は家計に眠る金融資産と未公開企業をつなぐ動きとして注目される。

　未公開株などはオルタナティブ（代替）資産と呼ばれる。債券や上場株などと組み合わせることでリスクを分散しながら相対的に高いリターンを狙うことができる。これまでは最低投資金額が大きく、大手の金融機関や年金基金、保険会社などに購入が限られていた。欧米のファンド運用会社はここ数年、個人でもオルタナティブ資産に投資できるような商品開発に取り組んでいる。アポロは、KKRやブラックストーン、カーライルなどと並ぶ世界的なオルタナティブ運用会社である。

　本件は、三井住友トラストがオルタナティブ投資で豊富な実績をもつアポロと組むことで、公募投資信託など個人が投資しやすい形式の商品提供を目指すための戦略的事業提携である。魅力的な商品を投資家が購入しやすい形にして、幅広い資金を呼び込むことを狙っている。

事例7　日米両政府・関係企業が次世代半導体の量産を目指す共同研究開発提携

　日米両政府は、2022年7月、量子コンピュータなどに使う次世代半導体の量産に向けた協同研究を始めると発表した。日本が米国との窓口になる研究開発拠点を年内に新設し、試験的な製造ラインを置く。2025年内にも国内に量産態勢を整備できるように目指す。台湾有事をにらみ経済安全保障上の重要性が増す半導体の安定供給につなげる。日本は、2022年末に新たな研究機関「技術研究組合最先端半導体技術センター（LSTC）」を立ち上げる。産業技術研究所や理化学研究賞、東大などと協力して拠点を整える。米国の国立半導体技術センターの設備や人材を活用して開発に取り組む。半導体は回路幅が細かいほど高性能で電力消費も少ない。日米が研究するのは幅が2ナノ（ナノは10億分の1）メートル相当の半導体である。

　新研究機関には企業の参加も募り、半導体の設計、製造装置・素材の開発および製造ラインの確立の3分野で研究を進める。量産可能な段階に入れば国内外の企業に技術供与する。日米両政府は財政支援で後押しする。日本側には10年で1兆円の研究開発費を充てる案がある。米議会上院は、同月27日、半導体の生産・研究に7兆円の補助金を投じる法案を可決し

た。設計を手がけるエヌビディアやクアルコムなどは米国に本拠地を置き、量産に不可欠な製造装置や素材を巡っては東京エレクトロンやSCRENホールディングス、信越化学工業やJSRなどの日本企業が競争力をもつ。このようにして日米が協業しやすい面がある。

本件は、日米両政府が、台湾有事をにらみ経済安全保障上の重要性が増す次世代半導体の安定供給を目指すために、両国の研究機関や企業を巻き込んだ共同研究開発提携である。

事例8 衛星画像で防衛事業に進出するための事業提携

NTTデータは、2022年11月、米アースオブザーバンド（コロラド州）の株式約2.5％を取得したと発表した。アースは世界最高レベルの高精細画像を配信する人工衛星や、配信システムの開発を米空軍から受託している。出資と合わせて国内での独占販売契約を結んだ。アースの衛星からのデータを受信する受信局を2023年に日本国内に設置する。これまでも3次元地図データの作成などでアースとは別会社の衛星画像を活用した事業を手がけてきた。用途が異なるため既存事業は継続するが、今後はアースの高精細画像を活用することで安全保障分野に進出する。受信した画像に人工知能（AI）で画像解析などをしたうえで国などに販売する。

本件は、NTTデータにとって、安全保障や防災向けに高精細な衛星画像データを販売するための少数参加型事業提携である。

事例9 次世代半導体の量産化のための事業提携

次世代半導体の国産化を目指すラピダスは、2022年12月、米IBMと提携するとはっ発表した。スーパーコンピューターなどに使う最先端品の技術提供を受ける。経済安全保障上、半導体は最重要製品だが、国内では技術不足で先端品をつくれない。微細な回路の形成など日本にはない技術を米欧との連携で補い、国内で量産できるようにする。電子機器の「頭脳」にあたるロジック半導体の技術の提供を受ける。半導体は回路の幅が細いほど高性能になる。世界でまだ生産技術の確立していない回路幅2ナノ（ナノは10億分の1）メートルの製品の技術のライセンスを受ける。IBMが中心となっている米国の研究機関にも技術者を派遣する。契約料などは明らかにしていない。

　IBM は半導体の生産から 2015 年に撤退したが、研究開発は続けており、2021 年新たな構造を使った 2 ナノ品の試作に成功している。ラピダスはこの回路の開発に関する技術ライセンスを得ることになる。日本には回路の詳細な構造など先端品の量産に欠かせない技術やノウハウがない。ラピダスは 12 月 6 日、最新の製造技術をもつベルギーの研究機関 imec（アイメック）との連携にも合意した。量産できればスパコンや人工知能（AI）などに使われる見込みである。

　ラピダスはトヨタ自動車や NTT、デンソーなど国内企業 8 社が出資して発足した半導体の生産会社である。政府も 700 億円の補助金を出し、2027 年に次世代半導体を国内で生産することを目指している。

　ロジック半導体の先端品は台湾が 9 割を生産する一極集中の構造になっている。先端半導体の国産化プロジェクトや、米欧との技術提携が矢継ぎ早に進むのは、地政学リスクの高まりを国や企業が強く意識しているからである。本件は、米欧の友好国から次世代半導体の技術を導入し、次世代半導体を国内で賄えるようにするための戦略的事業提携である。

事例 10　大手損保が海外 AI 新興と提携

　大手損害保険会社が海外の人工知能（AI）スタートアップを活用したデジタルトランスフォーメーション（DX、デジタル変革）に乗り出す。

　損保ジャパンは、2022 年 12 月、英トラクタブルと自動車保険分野で提携した。2020 年度中にトラクタブルの技術を導入し、自動車事故に遭った個人がスマートフォンで事故車両を撮影して画像を送ると、AI で解析し、全損かどうかを判定する。約 1 分で補償の可否をアプリに表示する。トラクタブルは 2014 年設立、スマホによる撮影画像から車や家屋ごとに修理の可否や損害額を評価できるのが強みである。企業評価額は 10 億ドル（約 1,300 億円）以上の「ユニコーン企業」の 1 つといわれる。損保ジャパンは AI による画像解析を風水害にも活用する。個人や代理店が建物の損害箇所をスマホで撮影すると、保険金額を確定させる。三井住友海上火災保険、あいおいニッセイ同和損害保険も風水害でトラクタブルの技術を導入済みである。

　東京海上火災は火災保険の不正請求の防止を目的に、仏シフトテクノロジーの技術を採用している。経年劣化で家屋が損傷したのに自然災害が原因だと偽って保険金を請求する不正が後を絶たない。修理見積書の画像

データを AI で分析し、事故当時の天候状況や見積書の記載方法などをもとに、疑わしい業者が関与している請求を区別する。三井住友海上火災なども導入している。

三井住友海上火災はデータ分析の米ドットデータと組み、代理店が個人に適した補償の見直しを提案できるようにした。あいおいニッセイは2022年に英国でオックスフォード大発の新興企業と共同出資会社を設立し、AIを使った保険サービスの開発拠点と位置づけた。

事例 11 保険契約の買収事業のために米ファンドに出資

日本生命保険は今秋にも米国やオーストラリアで保険契約の買収事業を展開するレゾリューションライフを持ち分適用会社にする。2023 年 1 月24 日、投資法人を通じて最大 10 億ドル（約 1,300 億円）を出資すると発表した。過去の出資分と合計して出資比率は約 20 ％となる見込みである。海外で成長する保険買収ビジネスを起点に、グローバル事業を強化する。

レゾリューションライフの 2021 年 12 月時点の運用資産残高は約 900 億ドル（約 10 億円）である。保険契約の買収は「クローズド・ブック事業」と呼ばれ、他の生保が保有する契約を買い取り、資産運用や事務の効率化によって収益化するビジネスである。各国金融当局が新しい国際資本規制を導入する準備を進めており、資本効率を上げる必要に迫られ、保険契約の売買が活発になり始めている。米国市場が最も発達しており、レゾリューションライフは大手の一角を占める。

日本生命保険は今後、レゾリューションライフに取締役や駐在員を派遣する予定である。将来的な成長が見込めるクローズド・ブック事業の知見・ノウハウの獲得を目指す。2 度にわたって合計 6.5 億ドル（約 700 億円）を出資しており、累計の出資額は 15.5 億ドル（約 2,000 億円）となる見込みである。先進国での事業強化への足がかりとし、グループ全体の収益の向上を図る。

事例 12 製鉄メーカーによるカナダの石炭会社への出資

日本製鉄は、2023 年 2 月、カナダの鉱山会社テックリソーシーズ社と製鉄向け石炭事業で出資契約を結んだと発表した。テック社からスピンオフ（分社・独立）される事業会社の株式の一部などを取得する。取得金額は総

額約11億5,000万カナダドル（約1,100億円）である。高炉で水素を使い鉄鉱石を還元する次世代技術でも活用する。今回の協業で高品質な石炭を使えるようにし、還元で石炭使用量を抑えられるようになるとみられる。

　日本製鉄はテック社から分離して上場予定のエルクバレーリソーシーズ社（EVR社）の普通株を10％取得するほか、優先株10％なども取得する。将来的にEVR社の持分法適用会社化も視野に入れる。EVR社は製鉄用原料炭を手がけ、年間生産能力は2,500万〜2,700万トンになる。日本製鉄は今回の出資により原料炭の中でも高品質なものを調達できるようになる。高炉を使い、水素で鉄鉱石を還元する次世代技術の商業化を目指している。高品質な原料炭は脱炭素時代にも一定程度の活用が見込めるとみて今回の投資を決めた。原料権益を確保することで、原料に市況に左右されにくい事業基盤を構築し、安定的に利益を稼ぐこともできるとしている。

　日本製鉄はこれまでもオーストラリアなどで原料炭の権益を所有してきた。原料調達の強化を段階的に進める考えで、高炉と比べ二酸化炭素（CO_2）排出量が少ない電炉の原料である「還元鉄」製造の事業化を目指す方針を打ち出している。

事例13　三井物産によるイタリアの植物工場スタートアップへの出資

　三井物産は、2023年3月、天候など左右されず効率的に野菜が生産できる完全閉鎖型の植物工場事業に参入すると発表した。イタリアのスタートアップに出資し、サウジアラビアに食物工場を新設する。先行する米企業も拠点を拡大している。農薬使用量の削減を求める欧州連合（EU）の環境規制案も、農薬を使わずにすむ完全密閉型の食物工場にとっては追い風で各社が市場開拓を急いでいる。

　完全密閉型の食物工場は外部との接触を原則断ち人工光や水、養分を機械で制御する。効率的な生育が見込め、収穫までの時間はリーフレタスで3〜4週間と通常の10〜13週間より短くなる。水の使用量も約9割減る。害虫が入らないため無農薬で栽培できる。

　三井物産は3月にもイタリア北部ベネチア郊外にある食物工場スタートアップ、ゼロの株式の約4％（750万ユーロ＝約11億円）を取得する。追加取得も検討する。ゼロは2018年設立で、土壌を使わずに食物を育てる技術が強みである。サウジアラビアを中心にスーパーマーケット約1,000店を展開するタミミマーケッツを加えた3社で工場を建設し、6月にも

稼働させる。ベビーリーフとリーフレタスをそれぞれ年80トン、イチゴを60トンつくる計画である。サウジアラビアは厳しい気象条件から野菜を輸入に依存している。鮮度が落ちている割に割高な商品も多いとされ、新鮮な野菜への需要は大きいとみている。食物工場は中東など乾燥地で注目されるが、今後は環境規制対応での需要も期待される。EUの欧州委員会は、「欧州に自然を取り戻す」として域内での農薬使用を5割減らす規制案を発表している。農薬を使わない完全閉鎖型の食物工場への関心は欧州でも高まっている。

　食物の生育に最適な条件の研究も進み、課題だった生産コストも下がってきた。三井物産によると国内カットレタスで比べた場合、食物工場産の小売価格委は1キロあたり2,000円弱と露地栽培とほぼ変わらない水準まで下がっているという。

事例14　三井住友フィナンシャル・グループによるアジアの成長を取り込むための出資

　三井住友フィナンシャル・グループ（FG）は、2023年3月、ベトマムの民間銀行2位のVPバンクに35.9億ドル（約2,000億円）を出資し、持分法適用会社にすると発表した。VPバンクの第三者割当増資を、三井住友FG傘下の三井住友銀行が引き受ける。出資後の持ち分は15％で、事実上の筆頭株主となる。取締役などの人材も派遣する。2021年にVPバンク傘下のノンバンクに49％出資し、2022年にはVPバンクと資本関係を伴わない業務提携を締結していた。出資で関係を深める。

　VPバンクの2022年12月期の純利益は前の期比55％増の約1,000億円と、ベトナム民間銀行で2位の規模で、融資額は3兆5,000億円程度である。貸出金の伸びが大きいほか、貸し出し利ざやも他の現地銀行に比べて高い。ベトナムは国営銀行の存在感が大きいが、民間のVPバンクの事業の自由度の高さが提携策として魅力的だと判断した。VPバンクは地場の中堅・中小企業への融資や個人向けローンに強みがある。ベトナムに進出する海外企業など大企業向け融資を同国で展開する三井住友銀行と提携することで幅広い顧客を取り込めるとみている。ベトナムに進出する三井住友銀行の顧客企業をVPバンクに紹介して現地企業につなげるなど、同国での事業展開を支援する。企業がもつ特定の資産や事業の信用力を活用して資金調達するストラクチャードファイナンスや環境関連融資など、三井

住友銀行のノウハウを VP バンクに共有し、成長を促す。アジアでは銀行口座を保有しない人にデジタルバンクなどで金融サービスを提供する金融包摂が進んでいる。三井住友 FG はインドネシアなどアジア各国でデジタル金融を手がけており、個人向けデジタルサービスのノウハウがある VP バンクとの相乗効果も見込んでいる。

事例 15　浮体式原子力発電所のための出資

　海に浮かぶ浮体式原子力発電所の開発プロジェクトに日本企業が参画する。今治造船（今治市）や尾道造船（神戸市）など13社は、2023年5月、英新興企業に約8,000万ドル（約100億円）を出資したと発表した。浮体式原発は地震の影響を受けにくく、陸上の原発に比べ建設費用も下げることができる。脱炭素で世界的に需要増が見込まれるなか、海外で同プロジェクトの実績を積んだうえで、日本での展開も検討する。

　浮体式原発は海上であればどこにでも設置でき、浮かんでいるために地震の影響を受けにくい。沖合に設置すれば津波にも耐えやすい。作り出した電気は陸上へ送るほか、水素やアンモニアなどの製造に使う。

　日本企業が出資するのは英新興のコワパワー社であり、2018年設立で海洋の規制に関するコンサルティングなどを手がける。今治や尾道などといった造船や商社など13社がコアパワーの第三者割当増資を引き受けた。資本金は約1億ドルとなり、日本勢が過半出資することになる。

　コアパワーは、米マイクロソフト創業者のビル・ゲイツ氏が出資する米テラパワーや電力・ガス事業の米サザン・カンパニー、核燃料リサイクルの仏オラノと共同で浮体式原発を開発している。4社の浮体式原発は小型モジュールの原子炉（SMR）の一種である溶融塩高速炉（MCFR）を使う。塩を400度以上に加熱して液体にし、ウランを溶け込ませる。ウランが核分裂して熱エネルギーを得てタービンを回す仕組みである。固体燃料を使う従来型の原発で必要な加圧設備が不要となるため、小型化ができる。炉心溶融や爆発といった事故を起こすリスクも少ない。4社のMGFRの出力は1基あたり30万 kw で、3〜4基で通常の原発（約100万 kw）並みとなる。

　浮体式は地震や津波対策といった地形に合わせた特別な構造物が不要で、大部分を工場で大量生産できる。建設費用は陸上の場合の約半分、工期も7割短縮できる。コアパワーは日本の大型船を造る技術などに着目し

ており、浮体式の設備部分の開発で協力を求めている。

三井物産がイタリアの食品会社に出資

三井物産は、2023 年 6 月、精米や豆類の加工販売などを手がけるイタリアのユーリコム社（Euricom S.p.A.）に出資し、持分法適用会社にすると発表した。出資額は約 200 億円である。代替タンパク質の需要の高まりや健康志向の広がりを受けて、成長が見込まれる米や豆の需要を取り込む。

ユーリコム社は精米・こめ加工品・豆類等の欧州最大の製造販売事業者である。欧州内で広く店舗展開する大手リテーラー各社に対し多様なこめ関連 PB 品供給のリーディングプレーヤーとして加工拠点を欧州内各地に保有し、世界 30 か国以上で事業を営んでいる。ユーリコム社は、東南アジア・インド・南米などこめの主要生産地域に原料調達拠点を保有している。

食シーンの多様化と健康・環境志向の高まりを背景に、こめ製品や豆類は世界的に市場が拡大しており、移民の影響も加わって欧州では顕著に需要が伸びている。

三井住友 FL がシンガポール現地法人に出資

三井住友ファイナンス＆リース（SMFL）は、2023 年 6 月、アジアなどで実物資産への投資を増やす。子会社の SMFL みらいパートナーズのシンガポール現地法人に 25 億円を追加出資したほか、新たに 5 人を派遣すると発表した。アジア・太平洋地域で不動産や発電設備、船舶など実物資産の運用や売買を通じて利益を稼ぐ体制を整備する。

シンガポールで不動産事業を手がける SMFL みらいパートナーズシンガポールに人材を送り、7 月から本格展開する。これまでは無人拠点だった。不動産運用会社のケネディクス、シンガポール不動産投資ファンドの ARA アセットマネジメントと共同で運営する。

タイやベトナム、オーストラリアなどの資産にも投資する方針である。1 件当たりの投資規模は 40 億〜 50 億程度を見込む。将来は 1,000 億円規模の資産を運用することを目指す。

事例 18　政投銀や丸紅などがシンガポールのテマセク系 VC ファンドに出資

　日本政策投資銀行、丸紅などの日本企業 4 社は、2023 年 7 月、シンガポールの政府系投資会社、テマセクホールディングス傘下の新ファンドに総額 100 億円超を出資すると発表した。出資先のスタートアップ企業と日本企業の国内外での事業連携を促す。

　テマセクのベンチャーキャピタル（VC）子会社であるバーテックス・ベンチャー・ホールディングスが設立したファンドに、NEC キャピタルソリューション傘下のリサ・パートナーズ（東京・港）と日本の機関投資家を含む国内 4 社が総額 8,000 万ドル（約 113 億円）を投じる。

　ファンドの投資総額は 10 億ドル規模となる見込みで、6 月末時点で 9 億ドル超を調達した。東南アジアやインドなど世界各地で「ユニコーン」（企業価値 10 億ドル超の未公開企業）となる可能性をもつ有望なスタートアップを発掘する。

　バーテックスはシンガポールの大手 VC で、東南アジアの配車最大手グラブの最初期の投資家として知られる。中国、インド、米国、イスラエルにも拠点をもつ。人工知能（AI）やフィンテック、サイバーセキュリティーなどの領域で 300 社超に出資している。日本にも進出し、2022 年に国内の新興企業に初めて投資した。

　日本勢はバーテックスがもつ新興企業や投資家との提携網を活用したい考えである。

　政投銀は海外勢に比べ見劣りする日本のスタートアップの海外進出などを支援する。丸紅はファンドを通じた共同出資に加え、東南アジアでの飲食店フランチャイズチェーン（FC）の運営に提携先のデジタル技術を取り込むことを模索する。

事例 19　テレビ東京が仏アプリ開発会社に出資

　テレビ東京は、2023 年 8 月、仏のインタラクティブエンタテインメント企業でモバイルアプリ・ゲーム開発の YOHKO, SAS（仏パリ市）出資したと発表した。同社を通じて、テレビ東京が海外事業において販売権を有するアニメ IP を活用したビジネスを展開する。モバイルアプリ内でデジタルコレクションカードを 2024 年に販売し、その後、アプリと連動したファ

ンイベントなども開催する予定である。出資額は 200,030 ユーロ（約 3,000万円）で、出資比率は 0.8 ％となる。

　YONKO.SAS は 4 人のフランス人共同創業者が 2021 年に設立した会社で、創業者それぞれが日本アニメの熱狂的なファンであり、アニメビジネスにも深い理解をもっている。やりたいことを実現するために、それぞれが成功していた会社を辞めて、ここに集まった。

　テレビ東京グループは、テレビ局を取り巻く経営環境の変化に対応するため、「法曹・配信・アニメ」の 3 本柱で相乗効果を生み出す「トライブリット経営」と名付けた戦略によってコンテンツ価値の最大化を目指すとともに、放送だけに頼らない収益構造の改革に取り組んでいる。中でもアニメと配信は成長戦略の柱であり、海外展開を含めた積極的な投資を進めている。モバイルアプリ開発に強みをもつ YONKO 社への出資を通じて海外におけるアニメ事業を拡大する。

事例 20　クレハがブラジルのペトロブラスと海底油田から炭素回収技術を共同開発

　化学メーカーのクレハは、2023 年 8 月、ブラジル国営石油ペトロブラスなどと組んで海底油田の天然ガスから炭素を回収する技術を開発すると発表した。2050 年のカーボンニュートラルの実現に向け、二酸化炭素（CO_2）を回収して再利用する「CCU」技術の商用化を目指す。

　2023 年度内にクレハの福島県いわき市の研究所で触媒の研究に強い北見工業大学（北海道）と協力して新触媒の開発を開始し、2024 年度に小規模な実証装置を試作する。数年内にペトロブラスのブラジル沖の石油生産設備などで試験運用し、20 年代後半の商用化を目指す。開発後にペトロブラスは自社設備にクレハの技術導入を検討する。

　2023 年度にまず約 1,500 万円を研究開発に投じ、日本財団が一部を支援する。海底油田では石油を生産する際に天然ガスも同時に産出することが多いが、現場で焼却することが多い。一般的な海底油田の生産設備では天然ガスの主成分であるメタンガスが毎時 200 キログラム発生する。

　クレハはこれを処理して炭素を取り出す技術を開発する。回収した炭素は粉末状で。生産現場から運搬船で簡単に出荷できる。炭素は「カーボンナノチューブ」の成分となり、リチュウムイオン電池や電子機器、自動車部品の素材になる。

事例 21　中部電力が米小型原子炉新興に出資

　中部電力は、2023 年 9 月、新型炉開発の米新興企業ニュースケール・パワーへの出資を発表した。国際協力銀行（JBIC）が保有する株式を一部取得する。脱炭素が進む中、二酸化炭素（CO_2）を排出しない電源として注目される原子力発電の活用に向け選択肢を確保したい考えである。

　ニュースケールは 2022 年 5 月に、特別買収目的会社（SPAC）と合併することでニューヨーク証券取引所に上場した。同社の開発する小型モジュール炉（SMR）は米国原子力規制委員会から設計承認を受けており、2029 年に米アイダホ州での稼働を目指している。

　ニュースケールへは、特別目的会社を通じて JBIC と共に IHI や日揮ホールディングスも出資し、合わせて 8.5 ％の株式を保有している。今回は、JBIC 持分の過半数を超えない程度で中部電力が株式を取得する。取得は、米当局の審査を経た約 1 か月後の予定である。

事例 22　住友商事が米宇宙新興に出資

　住友商事は、2023 年 9 月、人工衛星の打ち上げを手がける米スピンローンチに出資したと発表した。同社は競合より打ち上げコストを 3 分の 1 程度に抑えられる技術が強みである。住商は日本で代理店を担い、低コストでの打ち上げを提案するなどして宇宙ビジネスを収益源に育てる。

　スピンローンチは 2014 年に設立の宇宙開発スタートアップである。米著名ベンチャーキャピタル（VC）のクライナー・パーキンズが筆頭株主である。住商の出資額は非公表である。

　スピン社は遠心力を用いて衛星を宇宙空間まで打ち上げる独自技術をもつ。直径 33 メートルある巨大な時計盤のような装置の長針の先端に衛星を取り付け、針を高速回転させて遠心力で飛ばす。

　スピン社は 2021 年に実証実験を成功させて以降、10 回の打ち上げをすべて成功させている。数年以内に直径 100 メートルまで打ち上げ装置を大型化し、200 キログラムまで積める衛星を宇宙に飛ばせるようにする。

　燃料をほぼ使わないため、商用化時には積載量 1 キログラム当たりの打ち上げコストが約 1,250 ドル（約 18 万円）と、競合企業に比べて 3 分の 1 程度に抑えられる。打ち上げ装置は使い続けられるので、人工衛星が完成していれば申込みから最短約 2 週間で打ち上げられるスピード感も強みである。

住商は日本企業に対して低コストでの衛星打ち上げを働きかけていく。グループの通信事業で衛星を活用したインフラ整備などにも活用できる可能性がある。

事例 23　伊藤忠商事が豪蓄電池企業と資本事業提携

伊藤忠は、2023 年 9 月、再生可能エネルギーの電気を充放電できる大型蓄電池で最大 1,000 億円の事業を始めると発表した。電力系統用の蓄電池の運営を手がける豪アケイシャ・エナジーと提携し、2030 年までに国内を軸に 10~20 か所で蓄電池事業に参画する。

送電線の空き容量不足が深刻になり、太陽光や風力発電など再生エネの稼働を一時的に抑制する「出力制御」が全国に広がった。日本で大型蓄電池が普及すれば、米欧に遅れていた再生エネの有効活用につながる。

アケインシャは米資産運用会社ブラックロック傘下で、電力系統用の蓄電池の着工済み規模で世界最大級を誇る。オーストラリアでは 168 万キロワット時の容量を備えた蓄電設備を建設している。

伊藤忠は国内中心に投資や融資などで参画する。2030 年末までに最大 20 か所程度設ける大型蓄電池事業は最大で 1,000 億円規模になる。総容量で 100 万キロワット時となり、国内の再生エネ向け蓄電池で 1~2 割程度のシェアになる。

伊藤忠が大型蓄電池を本格展開する背景には、政府が手厚い補助金支援を決めたことがある、政府は再生エネ向け蓄電池システムの整備に最大半分の補助金を支出する。

再生エネ向けの蓄電池容量 5 万キロワット時の大型システムで 50 億円程度かかる。蓄電池には寿命があるが、政府の補助金も活用すれば一定の利益を確保できるとみている。

事例 24　みずほ銀行が米イチゴ工場に出資

みずほ銀行は、2023 年 9 月、米国でイチゴの植物工場を運営する Oishii Farm（オイシイファーム）に 1,000 万ドル（約 14 億 6,000 万円）を出資すると発表した。今年 2 月から始めた新規事業を担う事業会社に直接資本参加する「価値共創投資」の第 1 号案件となる。植物工場の完全自動化を後押しするため、銀行自らがリスクマネーを供給する。

オイシイファームは日本人起業家の古賀貴最高経営責任者（CEO）が2016 年に米国で設立した。米ニュージャージー州で完全無農薬の高級イチゴの大量生産を始め、米国の高級スーパー向けに販売している。今年 5 月に安川電機と資本業務提携を結び、植物工場の自動化システムの開発に取り組んでいる。

みずほ銀行は銀行による事業会社への出資を制限する「5 ％ルール」に抵触しない範囲で議決権をもつ優先株を引き受ける。単なる出資でなく、顧客企業の紹介や金融機能の提供といった踏み込んだ支援に乗り出す。日本の農業技術を活用した植物工場の完全自動化を後押しする。

2　事業提携の形態

国際事業提携とは、国境を越えて事業が結びついた企業間の共同関係であり、共通の事業機会の追求を目的とする国境を越えた 2 以上の事業体の力の結合であるという最も広い定義を用いることとする。まず、企業の事業活動を典型的に、研究開発、生産、マーケティングの各段階に分けてそれぞれの段階における提携の姿を把握する。それによってさらに複数の段階に跨る複合的な提携が浮かび上がってくる。

【事業活動の段階における提携の形態】

(a) 研究開発段階における提携

企業が新たな研究・技術開発を求めて他の企業または研究機関と協力関係を結ぶ方法には、大きく分けて研究開発の委託と共同研究開発の 2 つの方法がある。前者の研究開発の委託が数多くもしくは大規模に行われる、あるいは両当事者間で双方向に行われると、その協力関係は強いものとなりうるが、ほとんどの研究開発の委託はそこまでに至らないので、ここでは共同研究開発を研究開発段階における提携として取り上げる。

(b) 生産段階における提携

提携当事者の一方から他方へ技術ライセンスの供与を伴う生産段階における提携は、共同生産および生産受委託である。共同生産は、提携当

事者のそれぞれが技術、生産施設や運転要員などの生産にかかわる経営資源を結集する典型的な提携関係である。生産受委託は、生産を委託する企業の観点からはいわゆるアウトソーシングの1つといえるが、ここでは委託企業が相手方に技術をライセンスして、ライセンシーである企業が生産を受託する場合を取り上げる。さらに委託企業からのライセンス供与なくして生産受委託が行われる場合がある。前者は、ライセンス関係と生産関係が結合する提携関係としてしばしば見受けられる。後者の1つの形態として、マーケティング力を有する企業が技術力・生産力を有する企業に生産を委託する場合を取り上げる。これはいわゆるOEM生産（相手先ブランドによる生産）であり、委託企業からの技術ライセンスはないが、受託企業からマーケティング援助のためのライセンスが供与される場合がある。

(c) マーケティング段階における提携

マーケティング段階における提携として、企業が製品の共同マーケティングという形態で提携する場合、製品・サービスの販売委託やディストリビューターシップを通じて提携する場合がある。前者が競争者間で形成される場合には、とりわけ競争法上の懸念から慎重な検討が必要である。後者の典型は、一方の当事者が開発した製品をディストリビューター関係にある他方の販売網を通じて販売する場合で、差別化の進んだ製品分野あるいは異なる市場で活動する競争者間で形成される提携である。

(d) 複数の段階における提携

提携関係は、前述した1つの段階における提携にとどまるよりも複数の段階にわたる提携を含む場合が実際のビジネスでは数多く見受けられる。提携当事者は、第1段階の提携の効果をさらに次の段階へと発展させることが事業戦略上有利であると判断する。この場合、当初の提携契約において最初から複数の段階の提携関係を形成して実施するものと、次の段階の提携にまで基本的に合意しているが、第1段階の成果をみてから次の段階へ進むものがありうる。複数の段階がつながる提携

関係は、典型的には次のように考えられる。

　共同研究開発・生産、共同研究開発・マーケティング、共同生産・マーケティング OEM 生産・マーケティング、共同研究開発・生産・マーケティング。

3　事業提携の法的関係による形態

　前述した事業活動の段階による提携に対して当該提携関係の法的性格に従って、純粋契約型提携、少数資本参加型提携、パートナーシップ型提携、コーポレート型提携に分けることができる。

(1)　純粋の契約関係に基づく提携

　参加当事者は、パートナーシップ型やコーポレート型のジョイントベンチャーにおけるパートナーや株主としてではなく、独立の事業者として連合ないし提携関係を形成するために提携契約を締結する。この場合の提携関係は、純粋の契約関係のみに基づくものであり、参加当事者間の基本的な関係を構築するために、以下のような規定を定める必要がある。

　①提携関係の基本的な枠組みとして、その目的、範囲と存続期間、参加当事者の義務、資金調達方法、提携関係から生じる利益の配分または損失の分担についてのメカニズムを定める。②提携契約は、各当事者が他の当事者の行為および不作為に対してどの程度の責任を負うのかについて明確に定めなければならない。参加当事者は、法的な意味においてパートナーではないことから、制定法上の義務を負わないので、提携関係が負う義務に対して連帯責任を問われることはなく、他の当事者の行為や不作為に対しても責任を負わない。しかし、参加当事者は、代理の法により第 3 者から責任を追及される可能性がある。③提携契約には、各当事者が他の当事者を拘束することができる権限を定めること、そして提携契約に定めた明示または黙示の権限に反する他の当事者の行為・不作為については免責が与えられることを定める必要がある。④提携関

係により使用される資産について、どの資産が各当事者の単独資産か、あるいは共同資産に属するかを提携契約において規定しなければならない。

このような純粋の契約関係に基づく提携の典型として、以下のような提携関係を挙げることができる。純粋契約型共同研究開発提携、純粋契約型製品開発提携、純粋契約型生産受委託提携、純粋契約型 OEM 生産提携、純粋契約型ディストリビューターシップ提携

（2）少数資本参加を伴う提携

企業の提携関係において、一方の当事者が他方の資本の一部（50％未満）の株式を取得することが行われる。このような直接的な資本参加は、出資先の企業が、既存の株主と新しく参加した企業の間のジョイントベンチャーになる関係であるともいえる。

このような少数資本参加型提携においては、一般的に次のような基本的な要素を検討する必要がある。①出資先企業の評価。出資する企業の出資先企業に対する評価は、ベンチャー投資家による評価よりも一般的に高いといわれるが、これは他の取引を通じて得られる利益が勘案されるからである。②出資の金額と時期。あらかじめ定められたマイルストーンが達成された各段階における分割出資の方法、少数持株の数と金額、時間の経過に従って持株比率を上げるオプションなど。③出資の形態。転換権のある優先株の形による出資など。④取締役の数。出資した資本の監視と出資先企業の事業運営に対する発言のために、出資当事者による１ないし２名の取締役の指名・派遣など。⑤転換権の保護。転換権を保護するためのアンチ・ダイリューション条項など。⑥株式先買権。将来の株式発行に対する出資当事者の株式先買権とその権利の喪失など。⑦知的財産権の帰属。出資先企業における秘密情報の保持・管理など。⑧拒否権。特定の取引や意思決定に対する出資当事者の拒否権の留保など。⑨撤退の方法。出資当事者がその出資の価値を現金化する方法、つまり、創業者による株式売却に参加する権利、株式償還権などの

図　事業提携の典型的形態

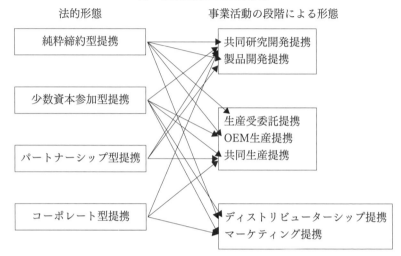

法的形態　　　　　　　　　　事業活動の段階による形態

純粋締約型提携

共同研究開発提携
製品開発提携

少数資本参加型提携

生産受委託提携
OEM生産提携
共同生産提携

パートナーシップ型提携

コーポレート型提携

ディストリビューターシップ提携
マーケティング提携

撤退方法。

　少数資本参加を伴う提携は、典型的には次のように考えられる。

　少数資本参加共同研究開発提携、少数資本参加 OEM 生産・マーケティング提携、少数資本参加ディストリビューターシップ提携、少数資本参加共同研究開発・生産・マーケティング提携。

(3) パートナーシップ型ジョイントベンチャーによる提携

　事業提携は、法的な観点から大きく2つの形態、前述したような純粋契約型提携およびジョイントベンチャー型提携に分けることができる。さらに、後者は、パートナーシップ型ジョイントベンチャー提携およびコーポレート型ジョイントベンチャー提携に分けられる。

　パートナーシップ型ジョイントベンチャーの形態による提携関係は、特定の提携事業を目的とする本来的に柔軟な関係に基づくものであり、以下のような提携が典型と考えられる。

　パートナーシップ型ジョイントベンチャー共同研究開発　パートナー

シップ型ジョイントベンチャー製品開発・国際標準化提携、パートナーシップ型ジョイントベンチャー共同生産提携である。

(4) コーポレート型ジョイントベンチャーによる提携

コーポレート型ジョイントベンチャー共同研究開発・生産提携、コーポレート型ジョイントベンチャー共同生産提携、コーポレート型ジョイントベンチャー共同生産・マーケティング提携、コーポレート型ジョイントベンチャー共同研究開発・生産・マーケティング提携に分けられる。

4 国際事業提携契約の基本的構造

(1) 提携パートナーの選択

提携関係の成否の鍵は、提携パートナーの選択いかんにかかっているといっても過言ではない。しかし、本来的に当該提携に最も適切なパートナーを時期を失せずに見いだすことは必ずしも容易なことではない。

(a) パートナーとの補完・相乗関係

提携パートナーとの関係は、技術や人材等の経営資源および地域の両面において補完関係にあれば理想的であり、成功する可能性はきわめて高くなる。このような補完関係の存在は、とりわけ競争者間の提携にとっては成功のための重要な要因である。

(b) パートナーとの適合性

提携当事者間の適合性は、相手方企業それ自身に関する文化、価値、経営スタイル、哲学、責任およびビジネス上の強さと弱さなどと同様に、相手方企業の人材の個性、価値、技量、個人間の相互作用のスタイル、責任および文化的特徴などの面において見いだされるかどうかであり、事業提携関係の成否に大きな影響を与える。

(2) 提携事業の運営

(a) 提携事業運営のポリシー

提携当事者は、提携事業の運営に関して基本的に次のような点に留意する必要がある。

①　提携当事者がそれぞれの提携事業に対して積極的な貢献を行うことが要求される。

②　提携当事者は、提携事業の運営において生じうる問題を予期し、事業計画の立案と実行を通じて解決する努力を尽くさなければならない。

③　提携関係が発展するに従い、その変化に応じて提携の戦略とその実行を再構築するために必要な柔軟性を維持することが必要である。

(b) 提携当事者の権利と責任

提携当事者は提携事業に対して自らの貢献以上の権利を主張しがちであるが、提携関係の本質的な性格からそれぞれの貢献と権利、権利と責任は釣り合いのとれたものでなければならない。しかし、提携事業に対するこれらの責任は、無限ということはありえず、事業提携契約によって明確に定められた範囲にとどまるのである。その責任の程度は享受する権利に対応するものであり、提携当事者はいつまでどのような義務を負うのかなど愚弟的な範囲を設定する必要がある。

(3) 提携関係における紛争

(a) 紛争の予防

提携当事者間で現存するあるいは予期される衝突の領域を特定し、交渉過程においてその衝突をあらかじめ解決するように努力することは、紛争の予防策として第 1 に有用である。

(b) 利害調整の仕組み

提携当事者のそれぞれと提携関係をめぐる激しい環境の変化は、提携事業の運営の過程においてこれらの間に絶えず利害の対立を引き起こす要因を生み出すといっても過言ではない。むしろ、このような利害対立

の可能性を抱えつつ提携事業を運営するところに提携関係の本質がある
ともいえるが、それだけに提携当事者は次のような点をとりわけ考慮す
る必要がある。

① 提携関係は、そのフレームワーク内に適切な利害調整方法を備え
ておかなければならない。提携当事者は、当該提携関係の性格や提携事
業の内容に応じて、意思決定機関におけるデッドロックを破る方法、ビ
ジネス機会に関する忠実義務違反を回避する方法などの紛争を解決・回
避する適切な方法を選択することが肝要である。

② 提携当事者は、環境の変化に対応して、当該提携関係のフレーム
ワークの見直しや軌道修正を図ることができるような仕組みを設けてお
かなければならい。

③ 紛争未解決の状況や解決の仕方に満足できない当事者は、最終的
には当該提携関係から撤退せざるをえない。撤退のための公平なメカニ
ズムは、提携当事者にとって最後の拠り所であり、事業提携契約にあら
かじめ組み込んでおく必要がある。

(4) 事業形態の選択

(a) 純粋契約型提携かパートナーシップ型提携かの選択

純粋契約型提携は、その支えとなる法制度をなんら有しない純粋の契
約関係であることから、本来的な性格として、第三者と取引をするため
の実体ないし主体を有せず、経営者を雇用するに必要な組織的構造を欠
いていることはいうまでもない。このような提携が当事者間でコストや
資源、場合によっては収入を分け合うにとどまるならば問題はないが、
純利益や損失を分け合うことになれば、パートナーシップの形成とみな
される可能性がしばしば生じてくる。一方、パートナーシップ型提携
は、純粋契約型提携とコーポレート型提携の中間形態であるが、コーポ
レート型提携に近い構造を構築することも可能である。

(b) パートナーシップ型提携かコーポレート型提携かの選択

パートナーシップ型提携の法制度上不利な点（これは逆の意味におい

てコーポレート型提携の法制度上有利な点）は、次のように挙げることができる。

①　パートナーシップ型は、分離・独立した法人としての認識が十分でない。コーポレート型の場合は、共同事業者は合弁会社を設立し、この合弁会社が会社法という公のルールとその定款に従い、独立の組織によって共同事業を推進する。パートナーシップ型では、パートナーシップ契約によってパートナー本人が共同事業において結合し、直接自ら事業を経営するのが原則である。アメリカ法においてはその実体性が認められてきたとはいえ、パートナーシップがパートナーから分離・独立した事業体として共同事業を推進するという認識は十分ではない。

②　パートナーシップ型におけるパートナーは、他のパートナーの事業運営における権限濫用に対して責任を負わなければならない。各パートナーは、パートナーシップの代理人である。すべてのパートナーは、パートナーシップの事業を外観上通常の方法で遂行するお互いの行為に対しては、そのパートナーと取引をしている第三者がパートナーの権限に制限があることを知らない限り本人としてのパートナーシップを通じて責任を負うことになる。コーポレート型においては、共同事業者は合弁会社の株主としての地位にとどまるのが原則である。

③　パートナーシップ型におけるすべてのパートナーは、パートナーシップの義務に対して契約責任であれ不法行為責任であれ、無限の連帯責任を負うのが原則である。共同事業に対してわずかのシェアしか有しない善意のパートナーが、なんらのコントロールもできない他のパートナーまたはパートナーシップもしくはその従業員の契約上の行為や不法行為によって無限の連帯責任を負わされる危険に晒される。もっとも、アメリカ法やイギリス法におけるLPやLLPの制度、またわが国においても有限責任事業組合（LLP）を利用することによってパートナーの責任を有限とすることは可能である。コーポレート型における共同事業者は、合弁会社の株主として有限責任性を享受することができる。

④　パートナーシップ型におけるパートナーは、直接第三者から責任

を追及されるおそれがある。パートナーは、パートナーシップの事業経営に直接関与することから対外的な責任追及の矢面に立たされ、例えば、製造物責任、知的財産権侵害や行政上の取締法規違反などについてパートナーシップよりもパートナー自身の責任として直接追及される可能性が高い。コーポレート型においては、合弁会社およびその経営陣がこれらの対外的責任に対処するのが原則である。

⑤　パートナーシップ型は、絶えず解消の危険性をはらんでいる。パートナーシップが一定期間存続するものと定められていても、パートナーは、いつでもパートナーシップ契約を破り損害を賠償して、解消に至ることが可能である。パートナーがパートナーシップの事業経営に直接関与するだけに、パートナー間の対立が直ちに解散に結びつく可能性がある。コーポレート型においては、まず合弁会社の取締役会において利害の対立と調整が行われ、さらに共同事業者間の調整となるので、直ちに解消に至るわけではない。

⑥　パートナーシップがノウハウなどの知的財産を自らの財産としてパートナーシップ内にのみ保持することは困難である。一方のパートナーがパートナーシップに技術を供与した場合のみならず、パートナーシップが改良技術・新規技術を開発した場合においても、これらの技術に接する機会の多いパートナーによってあまねく取り込まれてしまう可能性がある。コーポレート型においては、合弁会社が独立の当事者としてこのような技術を管理または所有することになる。以上のような不利点に比して、パートナーシップ型は、本来の性格として法制度上次のような利点を有している。

以上のような不利点に比して、パートナーシップ型は、本来の性格として法制度上次のような利点を有している。

①　パートナーシップ型において、パートナーは、パートナーシップの損益が各パートナーの持分に応じてそれぞれ分配され、パートナー自身の損益に合算して課税されるので、節税を享受できる。コーポレート型においては、合弁会社が独立の納税者となる。

②　パートナーシップ型は、パートナーシップ法が任意法規であり、もっぱらパートナーシップ契約に従うことから、柔軟な構造を有する事業体を構築できる。パートナーシップによる事業形態および事業経営は、基本的にはパートナーの意向によってどのようにでも設計することが可能である。コーポレート型においては、共同事業者は強行法規としての会社法に基づいて合弁会社の枠組みを設定しなければならない。もっとも、共同事業者は合弁会社の構造と運営を共同事業の運営に適した閉鎖会社として構築することが可能である。

(5)　単一提携か複合提携かの選択

提携当事者が提携の本来の目的として、例えば、共同研究開発や共同生産という単一の提携関係の形成を望むが、それは提携契約締結時点では当該相手方との提携の行方を見通すことがきわめて困難であるという理由によることがしばしばである。当事者に提携事業の経営についてある程度の見通しあるいは強い期待があるならば、将来の発展のために次の段階の提携を含む複合提携を当初の計画に組み込むことが必要である。この場合第 1 段階から次の段階への自動的な移行というプロセスではなく、第 1 段階の成果を評価、確認した上で、当事者の合意またはオプションによって次の段階に入るという 2 段階のプロセスが考えられる。

(6)　環境の変化と事業形態

グローバル市場において情報革新を背景として目まぐるしく変化する環境は、提携当事者自身の事業経営に対してはもちろんのこと、提携関係による事業経営に大きな影響を及ぼすおそれがある。むしろ、提携関係の方が直接的な影響を強く受けるともいえる。このような急速な環境変化に対応するためには、提携当事者は、まず、事業提携の目的、存続期間や解消事由を明らかにしておくことが必要である。これらが明確でなければ、当事者はいつ当該提携関係を終了または解消し、いつ次の段

階に進むかを決定することができなくなる。

　環境の急速な変化は、事業経営における迅速性と機動性を要求する。グローバル市場において生き残り、情報革新に基づいて新たな事業価値を創造するためには、現代の企業はより迅速にかつ機動的に動くことができなければならない。この点提携は、買収よりも迅速に相乗効果を発揮することが可能である。しかも、提携は、前述したようなさまざまな事業形態を提携の目的に応じて選ぶことができるという選択肢をもっている。当事者は、変化のスピードや態様に対応して、緩やかな提携である純粋契約型提携からコーポレート型ジョイントベンチャーまで自在に選択できる。

5　提携関係の解消

(1) 提携関係の解消

　提携関係の解消のメカニズムは、提携当事者が事業提携契約においてできるだけ詳細に合意しておくことが必要である。このような解消問題は、提携関係の形成時点においてこそ円満かつ効果的な合意が成り立つ可能性が高いことはいうまでもない。合意すべき基本的な問題は、提携の形態に応じて異なるが、一般的にいえば、①提携関係の存続期間および解消事由の明確化、②株式の譲渡、買取りや売却の方法など適切な解消のメカニズムの設計、③解消に伴う措置、とりわけ解消以後における当事者の権利・義務、④当事者の株式や権益の適切な評価の方法である。提携関係の解消には、事業提携契約締結時における提携の組み合わせは解消するが、パートナーの変更を通じて新たな提携関係が形成されて当該事業が継続される場合、相手方パートナーの持株買取りによる子会社化によって当該事業が継続される場合、および提携関係の解消により当該事業そのものが清算される場合がありうる。前2者は、当初の提携関係の解消であり、撤退する当事者にとっては事業戦略の転換ではあるが、残る当事者にとっては提携関係または提携事業の強化・発展と評価することができる。

(2) 提携関係の強化

提携関係において主導権を握る当事者は、提携事業の進展や環境の変化に対応すべくなんらかの形で提携関係を強化しようとするのが通常であり、この場合そのような状況が生じたときに提携関係強化のための交渉を行うとする方法があるが、提携関係強化のための枠組みを当初の事業提携契約の中に織り込んでおくのが賢明である。

(a) 少数資本参加

純粋契約型提携において提携事業に依存することとなる当事者は、単なる契約関係には満足せず、相手方当事者自身に少数資本参加することにより影響力を行使して、提携関係の安定と強化を図ろうとする場合がしばしば見受けられる。

(b) 追加出資による経営権の獲得

提携事業が必要とする資金需要（ジョイントベンチャーの場合には増資）に対して、提携当事者の一方が応じることができない場合に、それを肩代わりして出資できる当事者にとっては、提携事業の経営権を握って提携関係を強化する機会が生じる。このような仕組みを事業提携契約に設けることは追加出資へのインセンティブとして有用である。

(c) 相手方パートナーの持株買取りによる経営権の獲得

例えば、折半出資の共同経営型ジョイントベンチャーにおいて、提携当事者の一方が相手方パートナーの持株の一部を買い取って経営権を握る場合には、支配株主となる当事者にとっては、自らのリーダーシップによって提携関係の強化を図ることができる。

6　提携関係の発展

(1) 新しいパートナーの参加

当初の提携パートナーの組合わせによる事業経営では、経営資源の不足、競争力や相乗効果の発揮に力不足などが生じることはしばしばであり、これらを補うことのできる新しいパートナーの参加が必要とされる。提携当事者は、メンバーシップを固定したものではなく、提携事業

に大いなる貢献をなしうる者を有資格者としていつでも受け入れるような道を拓いておくことが望ましい。

図 提携関係の典型的な強化・発展への道

ケース1 少数資本参加

純粋契約型提携

メーカー　　　　　　研究開発ベンチャー
OEM委託会社　　　　OEM生産会社
メーカー　　　　　　ディストリビューター

少数出資

ケース2 経営権取得

パートナーシップ型・
コーポレート型提携
50％超取得

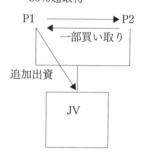

ケース3 パートナー交替

パートナーシップ型・
コーポレート型提携
JV

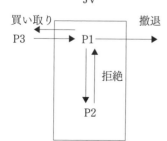

ケース4 完全子会社化

パートナーシップ型・
コーポレート型提携
100％取得

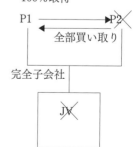

(2) 一方のパートナーの撤退と新しいパートナーの参加

　パートナーの一方が提携事業の経営に不満をもっている、あるいは自らの事業戦略の転換により提携関係から撤退することを望む場合には、残る当事者は新しいパートナーを迎え入れて、新たな提携関係を構築する必要が生じる。撤退と参加が同時期に連動して行われる場合と撤退とは別に遅れて参加が行われる場合がありうる。前者ではジョイントベンチャーの場合には第1拒否権の仕組みによるが、買取り条項やバイ・セル条項は両者いずれの場合にも有用である。

(3) 相手方パートナーの全持株買取りによる子会社化

　提携当事者の一方がジョイントベンチャーの経営権を握るまでには至らない少数株主であっても、あるいはすでに過半数を制する持株比率の多数株主であっても、相手方パートナー自身の経営環境の変化に乗じてその持株のすべてを買い取って子会社化することができる機会はしばしば生じる。ジョイントベンチャーの行きつくところは、一方当事者による子会社化がほとんどの場合である。

第6章

国際ジョイントベンチャー

1 国際ジョイントベンチャーのフレームワーク

**事業戦略としての
国際ジョイントベンチャー**

国際ジョイントベンチャーは、国籍を異にする共同事業者が国境を越えて共同事業を計画し、共同事業体を運営するものであり、ここではこの事業体が海外に立地する本来の国際ジョイントベンチャーを前提として考察する。

① 海外市場への進出と事業拠点の構築　企業が海外市場へ進出する方法は、企業の発展段階とその事業戦略に応じてさまざまな形があるが、現地資本とのジョイントベンチャーは、現地に対する永続的な投資により現地市場への進出を可能にする確かな橋頭堡とされてきた。

② 現地企業への技術移転の促進　技術移転の方法として、ライセンシーに直接技術移転する場合とライセンシーとのジョイントベンチャーに技術移転する場合がある。ジョイントベンチャーを利用する場合は、直接移転に比べ、はるかに制約が少ない包括的な技術が移転される可能性が生じる。

③ 現地企業による現地資源の有効活用　外資100％子会社による進出は、発展途上国にとってはその国民感情においてしばしば警戒されることも少なくない。これに比べ現地資本とのジョイントベンチャーは、現地企業としての性格を有する企業が天然資源や低廉かつ豊富な労働力等の現地資源を有効に利用するものであるとみなされて、その国民

感情からは受け入れやすい存在である。

　④　外資導入インセンティブの享受と現地経済への貢献　　外資を導入するため現地政府は、さまざまな形のインセンティブを用意しているが、一方で外資を規制することもしばしばである。現地資本とのジョイントベンチャーは、これらの外資規制にも柔軟に対応しつつ多くのインセンティブを享受できる立場を有している。

　⑤　グローバルなリスク分散と共同経営による事業化　　大型の新規事業や次世代の研究開発を例にとると、多額の資金と長い時間を要し、単独の企業のみでリスクを負担するには重すぎることが多い。海外のパートナーである共同事業者とのジョイントベンチャーは、このようなリスクの分散を可能にするとともに、共同事業者のそれぞれが得意とする経営資源を合弁事業に結集できる。

　⑥　グローバル化の手段　　国際ジョイントベンチャーは、特定の海外市場に進出するために有用な手段であるばかりでなく、さらに海外の事業活動をグローバルにするためにその機能を発揮しうる事業体である。

事例 25　異業種メーカーのジョイントベンチャーによる市場開拓

　東レとダイムラー AG は、2011 年 1 月、東レが開発した炭素繊維複合材料（CFRP）の革新的成型技術を活用して CFRP 製自動車部品を製造・販売する合弁会社（所在地ドイツ、東レ 50.1 %、ダイムラー 44.9 %，その他 5.0 %）を設立する合弁契約を締結した。両社は 2010 年 3 月に締結した共同開発契約の下、自動車向け炭素繊維複合材の量産技術の確立に向けた開発研究を続けてきた。ドイツで新工場を建設、2012 年に発売するメルセデス・ベンツの上級車向けから供給を開始する。世界的に環境規制が厳しくなる状況下、燃費性能を上げる軽量部材の量産で先行する。

　本件は、炭素繊維の新用途の開発を目指す東レと環境規制に対応できる自動車部品を開発したいダイムラー・ベンツという両社の事業戦略が一致した共同事業であり、異業種間の理想的なジョイントベンチャー関係である。

事例 26　同業種メーカー間におけるジョイントベンチャーによる市場開
拓

　キリンホールディングスは、2011年1月、中国で小売・ビール・食品・
清涼飲料事業を展開する華潤創業有限公司と中国で清涼飲料事業を行う合
弁会社（キリン40％、華潤60％）の設立に合意した。キリンは、キリン
の中国清涼飲料子会社4社の各持分を合弁会社の傘下に譲渡する。キリ
ン、華潤は今回の提携で中国内の販売網などを相互に活用する。キリンは
華潤の販売網を活用し、キリンの紅茶飲料や共同開発する新製品を投入、
将来的にはビールの共同生産・販売などへの提携拡大も検討する。
　本件は、同業種で競争相手である両社が、中国清涼飲料市場において
リーディングカンパニーを目指すキリンと、華潤のマーケット調査力とキ
リンの技術力を組み合わせて新ブランドの商品開発を目指す華潤創業の事
業戦略が結びついたジョイントベンチャー関係である。

事例 27　競合企業との共同事業により世界トップを目指すグローバル事
業戦略

　三菱重工業は、2014年5月、欧州重電大手の独シーメンス（Siemens
AG）と製鉄機械事業を統合するために合弁会社を設立する契約を締結し
た。新合弁会社は、三菱日立製鉄機械とシーメンスグループ会社がドイ
ツ、オーストリア、アメリカなどにもつ製鉄事業を分割・集約することに
より、イギリス国内に設立し、傘下に事業会社を抱える（出資比率は三菱
日立製鉄機械51％、シーメンス49％）。新会社は生産、販売、調達や研
究開発などを統括する。シーメンスとの合弁により、最上流の高炉・電炉
が加わることで、全製鉄プロセスでの製鉄機械の供給能力が大幅に高ま
り、また三菱重工は日本やアジア、シーメンスは欧米に強く、両社が得意
とする地域の補完効果が大きく、アジア、欧州、ロシア、北中南米、アフ
リカなど、全世界での事業展開を加速することが可能となった。
　本件は、世界の鉄鋼業界では中国を中心に生産設備過剰な状況がしばら
く続くことから、技術力やアジア中心の販売だけでは世界競争を戦えない
との認識に基づいた三菱重工の、競合企業シーメンスとのジョイントベン
チャーによるグローバル戦略である。

事例 28　外資大手の誘致により日本における半導体再興への一歩となる事業戦略

　世界最大の半導体受託生産会社である台湾積体電路製造（TSMC）は、2021年11月、日本で初めてとなる工場をソニーグループと共に熊本県に建設すると発表した。当初の設備投資額は約8,000億円で、工場を運営する合弁会社にソニーが約570億円を出資する。2024年末までに量産を始める予定である。熊本県に設立する合弁会社の株式の過半数はTSMCが保有し、経営権を握る。ソニーの半導体子会社、ソニーセミコンダクタソリューションズが株式の20％未満を取得する予定である。約1,500人の雇用を見込んでおり、建設地はソニーが熊本県菊陽町にもつ工場の隣接地を予定し、2022年に着工する。生産するのは回路線幅が22〜28ナノ（ナノは10億分の1）メートルの演算用（ロジック）半導体であり、自動車やIT（情報技術）製品向けなどの半導体で、産業界で幅広く利用されている。日本はこの10年で失った演算用（ロジック）半導体の先進ラインをもつことになる。日本政府は工場整備費の半額程度の支援を念頭に、補助金の枠組みを作っており、半導体需給が逼迫した際の日本への優先供給などを条件にする。

　本件は、外資大手の誘致を通じた半導体産業の再興に向けての一歩であり、TSMCとの合弁は外資誘致の試金石となるものである。

事例 29　燃焼時に二酸化炭素を出さない次世代燃料として燃料アンモニアを量産するための合弁事業

　三井物産は、2022年5月、米国で燃料アンモニアを量産するために、肥料用アンモニア製造大手の米CFインダストリーズ・ホールディングス（CFI）と2023年に合弁会社（CFI 52％、三井物産48％）を設立し、2027年に工場を建設すると発表した。生産規模は年産80〜100万トンと世界最大級になる見通しである。2027年にメキシコ湾に面する米南部に工場を新設し、パイプラインを通じて地中にCO$_2$を貯留する計画であり、総事業費は1000億円規模とみられる。アンモニアは水素と窒素からつくられる。現在は主に肥料や工業用に使われているが、燃焼時に二酸化炭素（CO$_2$）を出さないため、水素と並び次世代燃料として注目されている。三井物産とCFIがつくるのは、化石燃料由来で製造過程で出るCO$_2$を地中に埋める「ブルーアンモニア」である。新工場の稼働に先駆け、三井物産が

販売代理する形で、CFI が既存の設備を改修してつくるブルーアンモニアを日本を含むアジアに年 200 万トン輸出する。

　本件は、三井物産と CFI が連携して合弁会社を設立し新工場の新設によりアンモニアの供給網を整え、アジアの発電所や工場などに輸出する事業戦略である。

事例 30　**米において EV 電池合弁会社設立により米 EV 市場での巻き返しを目指す事業戦略**

　ホンダは、2022 年 8 月、韓国電池大手の LG エネルギーソリューションと米国で電気自動車（EV）向け電池工場を新設すると発表した。投資額は約 44 億ドル（約 6,100 億円）で自社専用の EV 電池工場は初めてである。2022 年中にホンダと LG エネで合弁会社を設立する。出資比率はホンダが 49 ％、LG エネが 51 ％である。リチウムイオン電池を製造し、年間生産能力は最大で標準的な EV で 70 万～ 80 万台分に相当する。2023 年着工で 2025 年の量産開始を目指す。全量をホンダの北米工場向けに出荷する。立地は、ホンダの主力工場があるオハイオ州を最有力に検討しており今後詰める。

　LG エネは電池のシェアで中国の寧徳時代新能源科技（CATL）に次ぐ世界 2 位である。米ゼネラル・モーターズ（GM）のほか、欧州ステランティスとも北米での電池合弁を設立し、生産能力を高めている。ホンダは 2040年に新車の全てを EV か燃料電池車（FCV）にする方針を掲げた。現状の世界生産は 400 万台規模である。ホンダは米国では政策や市場動向を見て、2030 年に同社の新車生産の半分に当たる約 80 万台を EV とする計画である。

　本件は、ホンダとして初の自前の EV 電池工場となるだけでなく、米国で日本車勢が EV 電池の生産に直接投資する初の具体的な事例になる。

事例 31　**半導体ウエハー材料合弁会社設立によりマレーシアで再挑戦する事業戦略**

　トクヤマは、2023 年 5 月、半導体ウエハーの材料となる多結晶シリコンのマレーシアでの生産について、同材料で韓国大手の OCI との協業に向けた覚書を締結したと発表した。合弁会社を設立し、年間約 1 万トンの生産

能力を確保する。同業他社と協力して生産を効率化し、中長期の半導体用需要の増加に備える。トクヤマはマレーシアでの事業から 2017 年に撤退しており、海外展開に再挑戦する。

トクヤマは半導体用の多結晶シリコンの世界大手である。新会社は 2023 年度末〜 2024 年度前半めどに設立する。金属ケイ素から多結晶シリコンを製造する前工程で OCI と共同生産し、製品化と販売は各社が独自に担う。製造工程で必要な電力を主に水力発電で賄い、製造時の二酸化炭素（CO_2）排出量を削減する。

多結晶シリコンは半導体や太陽電池向けに使われる。トクヤマは海外生産を目指し、2011 年に約 2,000 億円を投じてマレーシアに子会社を設立した。ただ品質不良などトラブルが続き、2017 年に OCI に現地子会社を売却した。投資額に相当する大規模な減損処理をして、経営難に陥った経験がある。現在は多結晶シリコンを日本国内のみで生産しているが、半導体用の需要拡大を見据えて候補地を探していた。今回のマレーシアの生産設備は、過去に売却した工場のそばに設ける。トクヤマは、同国での再挑戦について、「過去の教訓や OCI との関係を通じて事業リスクを抑えられると判断した」と説明している。

事例 32　トヨタとダイムラーは日野自動車と三菱ふそうの持ち株会社を設立

トヨタ自動車と独ダイムラートラックは、2023 年 5 月、商用車分野で提携すると発表した。トヨタ傘下の日野自動車とダイムラー傘下の三菱ふそうトラック・バスを統合し、電動化や自動運転など「CASE」技術を共同開発する。4 社が基本合意した。トヨタとダイムラーが株式公開を目指す持ち株会社を 2024 年 12 月までに設立し、日野自動車と三菱ふそうが傘下に入る。トヨタとダイムラーの持ち株会社への出資比率は同じ割合とし、統合後に日野自動車はトヨタの連結子会社から外れる。

S&P グルーバルモビリティの調査によると、2121 年のダイムラーの中大型トラックの販売台数は約 36 万 5,000 台で世界 2 位、日野自動車は小型トラックやバスを含めて 15 万台（2022 年 3 月期）で、中大型トラックの分野では世界最大規模の連合になる。今回の統合で日本のトラックメーカーは日野自動車と三菱ふそう、いすゞ自動車と UD トラックスの 2 陣営に集約される。

4社は商用車の開発や調達、生産分野で協業し、CASE技術の開発ほか、水素分野でも協力する。重量が大きい大型トラックは電動化が乗用車より難しい。

日野自動車はエンジンの排ガスや燃費試験の不正で3期連続の最終赤字に沈むなど瀬戸際に追い込まれていた。現在はトヨタの連結対象子会社だが、新設する持ち株会社を通じ、間接的に独ダイムラーの資本を受け入れることになる。今回、新設する持ち株会社は株式公開を予定しており、ダイムラートラックだけではなく、一般株主からも資本を受け入れることになる。トヨタにとってみれば出資比率が下がることで、連結業績への影響を下げることができる。

三菱ふそうにとっても日野自動車との経営統合は特に両社が注力する東南アジア市場での戦略にプラスに働く。三菱ふそうの株式89.3%を保有する親会社のダイムラートラックは2021年、旧ダイムラーのトラック・バス部門が分離・単独上場して生まれた。2022年12月期の連結決算は、調整後EBIT(利払い・税引き前利益)が前の期比55%増の39億5,900万ユーロに拡大したものの、三菱ふそうを含むアジア事業は同60%減の1億7,100万ユーロにとどまった。利益率も北米の11%に対し、アジアは2%台と低迷しており、立て直しを迫られていた。

事例 33 「空飛ぶ車」部品参入のためにニデックがエンブラエルと合弁会社設立

「ニデック(旧日本電産)は、「空飛ぶ車」の部品事業に参入する。リージョナルジェット機最大手のエンブラエル(ブラジル)と合弁会社を設立し、空飛ぶ車向けにモーターを開発・生産する。2028年までに合弁会社を通じ200億円を投資する。電動化が進む航空機向けの部品を新たな事業の柱に育てる。空飛ぶ車の関連産業が離陸し始めた。

ニデックとエンブラエルが2023年9月にも米ミズーリ州に「ニデック・エアロスペース」を設立する。資本金は未定だが、ニデックが51%、エンブラエルが49%を出資する。社長はニデックが派遣する方針である。

ニデック・エアロスペースは今後5年間に設備投資と研究開発に約200億円を投じ、メキシコにモーターの生産拠点を置く。ニデックの高出力モーターとエンブラエルのモーター制御技術を生かし、空飛ぶ車メーカーに制御システムを供給する。2030年に1,500億円規模の売上高を見込む。

　第 1 段として、空飛ぶ車を開発するエンブラエルの子会社「イブホールディング」に供給する。イブは 2026 年に自社開発した機体の商用飛行を始める。計画で、世界 12 か国から 2,700 台以上の受注実績がある。ニデック・エアロスペースはイブの機体の大半にモーターを納め、ほかの空飛ぶ車メーカーからも受注を目指す。

　空飛ぶ車は電動垂直陸機（eVTOL）とも呼ばれる。垂直に離着陸し、ヘリコプターや小型飛行機の特徴をもつ。滑走路が不要で騒音が少なく、電動で動くため温暖化ガスの排出量の削減につながる。

　まずは物流や近距離旅客輸送などの活用が想定される。ベモルガンスタンレーは世界の空飛ぶ車市場が 2040 年に 1 兆ドル（約 140 兆円）になると予測する。

事例 34　台湾半導体が SBI と日本に共同出資会社を設立

　台湾の半導体受託製造大手、力晶積成電子製造（PSMC）は、2023 年 7 月、SBI ホールディングスと組み、自動車や産業機器に使う半導体の生産拠点を日本国内に設けると発表した。共同出資会社を設立し、事業計画の策定を本格化させる。工場建設には数千億円を投じ、早ければ 2020 年代中ごろにも工場を稼働させる見込みである。

　PSMC の黄崇仁（フランク・ホアン）会長は、都内で記者会見し「日本国内に生産拠点を作ることは、日本の半導体の安定供給につながる」と話した。

　SBI は傘下の SBI 新生銀行や提携先の地方銀行などと協調して新会社に融資することを視野に入れる。SBI の北尾吉隆会長兼社長は「グローバルな形で安定的で長期的な資金調達を支援する」と強調した。

　準備会社の出資比率や工場の建設地は検討中である。黄会長は「工場の立地が決まれば 2 年以内に回路線幅が 28 ナノ（ナノは 10 億分の 1）メートルの半導体を供給できる」と説明した。同社は回路線幅が 40 ナノ以上のマイコンなどが主力で日本の工場が稼働するまでに 28 ナノを開発する。

　PSMC は 1994 年に創業し、三菱電機から技術協力を受けて DRAM 事業を始めた。メモリー不況を受け、2011 年にロジックやメモリーの受託製造専業になると発表し、現在の形態となった。

事例 35 SBI が英マン・グループと合弁会社を設立

SBI ホールディングスは、2023 年 7 月、欧州の大手資産運用会社の英マン・グループと合弁会社を設立し、オルタナティブ（代替）資産に投資する投資信託を個人投資家向けに販売すると発表した。これまで代替資産ファンドの購入は機関投資家に限定されてきたが、解約頻度を高めるなどして個人投資家でも投資しやすくする。

伝統的資産に投資する一般的な投信と同様に日次での売買を可能にするほか、組み入れ銘柄や売買のタイミングなども開示する。最低投資金額も 1 万円とし、個人投資家でも購入しやすい商品設計にする。

9 月をめどに合弁会社を設立し、年明け以降にファンドの提供をはじめる。不動産関連の株式に投資する戦略などマン・グループが提供する 5 つの主要戦略をもとに、個人投資家向けの公募ファンドを設定する。

具体的な投資対象は未定だが、運用資産残高を 3 年で 5,000 億円程度まで拡大することを目指す。

事例 36 ソフトバンクグループが米シンボティックと AI 活用の倉庫建設で合弁会社を設立

ソフトバンクグループは、2023 年 7 月、倉庫自動化を手がける米シンボティックと合弁会社「グリーンボックス・システムズ」を設立し、人工知能（AI）を活用した倉庫を建設すると発表した。

両社の出資総額は 1 億ドルである。合弁会社は 65 ％をソフトバンクが保有し、シンボティックが残りを保有する。向こう 6 年で 75 億ドル相当の AI 搭載システムをシンボティックから購入する契約も締結した。

ソフトバンクはまた、シンボティック株 1780 万株をリック・コーエン最高経営者（CEO）から購入し、同社に対する持株比率を 5 ％から 8 ％に引き上げたと発表した。

事例 37 JTB が中国旅行サイトと合弁会社を設立

JTB は、2023 年 8 月、中国の旅行予約サイト大手の提程集団（Trip.com Group: トリップドットコムグループ）と合弁会社を設立すると発表した。インバウンド（訪日外国人）の誘致で提携する。新会社の資本金は明らかにしていないが、10 月に合弁会社として株式会 JTB Inbound Trip

（JTB51 ％、トリップドットコム 49 ％）を設立する。

　JTB が契約する約 18,500 の宿泊施設を、トリップドットコムのサイトで予約できるようになる。また、JTB が 47 都道府県にもつ拠点と連携して訪日客向けのプロモーションをつくり、トリップドットコムのサイト上で展開する。

　訪日客をめぐっては春の桜や秋の紅葉の時期に特定の地域に集中し、一部の地域ではオーバーツーリズム（観光公害）が課題となっている。トリップドットコムとの連携では日本国内のさまざまな地域を宣伝することで、中国を含むアジア圏の訪日客の平準化を狙う。

事例 38　NEC が米バイオ新興と合弁会社を設立

　NEC は、2023 年 8 月、米バイオスタートアップのボストンジーン・コーポレーション、日本産業パートナーズ（JIP）と共同出資会社（合弁会社）を設立したと発表した。患者のがん細胞や血液を調べ、より適した治療法を提示するボストンジーンのサービスを、新会社をと通じて日本国内に提供する。

　新会社の社名はボストンジーン・ジャパンで 6 月に設立した。年内にもサービスの提供を始める。出資比率はボストンジーンが 50 ％、NEC が40 ％、JIP が 10 ％である。

　ボストンジーンは人工高知能（AI）を使ってがん患者の細胞や血液を遺伝子レベルで調べ、副作用が少なく効果的と推測される治療法を提示する事業を展開する。NEC は、2019 年以降、累計で 1 億ドル（約 145 億円）以上をボストンジーンに出資してきた。

　日本ではボストンジーンが提供するような幅広い遺伝子について分析する検査を受けている患者は限られる。今後、NEC は同社の電子カルテルと連携して検査結果を医師らに分かりやすく提示する仕組みを医療機関へ提供することで、サービスの普及を図る。保険の適用も目指す。

事例 39　SBIHD と KKR が共同出資会社を設立

　SBIHD と KKR は、2023 年 9 月、2023 年度中をめどに共同出資会社を設立すると発表した。KKR が海外の富浴層向けに販売するファンドをもとに、日本向けに投資信託を組成して売り出す。新会社の出資比率は未定だ

が、SBIHD が過半となるもようである。

　KKR はプライベートエクイティ（PE＝未公開株）や不動産などへの投資を手がける世界大手である。こうした分野はオルタナティブ投資と呼ばれ、一般に上場株や再建などよりも高い利回りが期待できる。最低購入額が数億〜十数億円など制限が多いため、年金基金など機関投資家に限定されていた。第 1 弾はプライベートデットと呼ぶ、企業に融資したり、債券を購入したりするファンドになるようである。変動金利商品のため、金利上昇局面でも価値が下がりにくいとされる。2024 年度上半期までの販売開始を目指す。

　最低投資額は 300 万〜 500 万円程度に抑え、購入後は四半期や月単位で現金かできるようにする方向である。購入・解約の手続は日本語で対応する。

　SBIHD は傘下の証券会社や銀行を通じ、富裕層を中心とする個人にファンドを販売する。提携関係にある地方銀行など、規模の小さい機関投資家にも販売する。運用資産残高は 3 年間で 1,000 億円程度を目指す。

2　ジョイントベンチャーの事業形態

(1) パートナーシップ型ジョイントベンチャーとコーポレート型ジョイントベンチャー

般的な差異　　ジョイントベンチャーの事業形態は、アメリカ法の下において、パートナーシップ法に基づくパートナーシップ型ジョイントベンチャーと会社法に基づくコーポレート型ジョイントベンチャーとに大きく分けることができる。その一般的差異は以下のように挙げることができる。

共同事業者の責任　　コーポレート型ジョイントベンチャーの参加者は、法人格が否認されるような異常な場合を除いて、会社の義務に対して責任を負わず、各々の参加者の責任はその株式の価額に限定される。一方、一般パートナーシップにおけるパートナーは、パートナーシップの義務すべてに対して全責任を負っている。さらに、パートナーは、他のパートナーの事業運営における権限濫用に対して責任を負わなければならない。各パートナーがパートナーシップ

の代理人とされているからである。もっとも、ジョイントベンチャー形態を利用しようとする会社は、その 100 ％子会社を用いてパートナーシップ形態のジョイントベンチャーの持分を所有することによって、その責任を有限とすることができる。さらに、一般パートナーシップもアメリカにおいては、一般パートナーの責任を有限とするリミテッド・ライアビリティ・パートナーシップ（LLP）やパートナーシップと会社の結合形態である有限責任会社（LLC）を採用することによって有限責任を享受することが可能である。

経営責任　会社は、株主によって選任された取締役が構成する取締役会によって独占的に経営され、これらの取締役は、株主の誰よりも会社自身の利益を守る義務を負っている。一般パートナーシップのパートナーは、パートナーシップの事業について直接の経営責任を負う。パートナーは、パートナーシップに対して一定の忠実義務を負っているが、他のパートナーの利益を守る義務は、会社の取締役の会社に対する義務ほど大きくはない。

存続期間　会社は、一般的にいえば永久的な存在であるが、一般パートナーシップは、パートナーの死亡、破産、不能や自発的撤退などの一定の出来事の発生によって自動的に解消となる。しかし、パートナーシップも、残るパートナーがパートナーシップの事業を継続することをパートナーシップ契約に定めるならば、実際上永久的な存在を享受することが可能である。コーポレート型ジョイントベンチャーの参加者も、会社が一定の出来事の発生または一定の期間後に解散することをジョイントベンチャー契約において定めることができる。

持分・株式の譲渡性　会社の株式は、自由に譲渡することができるのが原則であるが、一般パートナーシップの持分の譲渡は、パートナーシップ解消事由の 1 つとなる。しかし、コーポレート型ジョイントベンチャーの参加者は、第 1 拒否権などの譲渡制限をジョイントベンチャー契約によって定めることができる。パートナーシップ契約もまた、パートナーシップの継続というオプションを定

めることによって、持分の譲渡によるパートナーシップの解消を阻止することが可能である。

書面性・形式性　一般パートナーシップは、名前の登録以外にその構造および運営に関する書面の登録を法によって要求されない場合がほとんどである。会社は、法によって創造されるものとしてそのコントロールを大きく受けるが、パートナーシップにおいては、その組織運営上の書類やその行為を承認するための手続きに関して法的な形式は問われず、最小限の形式を満たすことで足りる。

柔軟性と定型性　パートナーシップは、その形成時における参加者の需要に適する構造に対応する、あるいはジョイントベンチャーの成長・変化に応じて変化する参加者のビジネス関係に適合するためにその構造を変えるような柔軟性を備えている。さらに、パートナーは、彼らの意図を直接にかつ最小の形式によって達成することができる。コーポレート型ジョイントベンチャーが選択された場合、その基本的な構造の要素は、会社法によってあらかじめ決定される。つまり、共同事業者は、コーポレート型ジョイントベンチャーの選択によって法に基づいてつくられた基本ルールを用いることができるが、さらにジョイントベンチャー契約によってそれをジョイントベンチャーの需要を満たすように適合させることが可能である。パートナーシップは、実質的に会社と同様のすべての権限を与えられ、パートナーもまた、一般パートナーの無限責任を除いて株主とほぼ同様の権利義務を与えられることが可能であるが、パートナー間の関係はすべてパートナーシップ契約において明記される必要がある。

節　税　会社とパートナーシップとの最も重要な差異は、租税法上利益に対して課税される方式である。会社においては、会社と株主の2段階における課税となるが、パートナーシップの場合、それ自身が所得税の納税者となるのではなく、パートナーがパートナーシップの利益に関し個々の資格において納税者となる。パートナーシップの損益は、各パートナーの持分に応じて分配され、パートナー自身の

損益に合算して課税される。

(2) 国際合弁会社の類型

単独支配型合弁会社　共同事業者である一方の株主が提供した経営資源が、その合弁会社の事業経営にとって不可欠であり、他方のそれがそれほど必要とされない場合は、前者が支配株主として合弁会社を管理・運営するのが通常である。

分担経営型合弁会社　分担経営型合弁会社は、共同事業者が2社の場合、いずれの当事者も合弁会社の経営において原則として対等の支配と責任を負うものであり、その出資比率は50：50が典型であるが、51：49から60：40程度までその範囲に含まれる。持株比率において過半数に欠ける株主も、共同事業者としてジョイントベンチャー契約により株主総会および取締役会における拒否権を確保しているのが通常である。共同事業者である双方の株主により提供される経営資源がいずれも合弁会社の事業経営にとって不可欠の場合は、共同事業者は合弁会社の経営を分担することになる。

発展途上国型合弁会社　共同事業者の一方がいわゆる先進企業で、他方が後進企業である場合、両者により創設されるジョイントベンチャーは、後進企業が提供する経営資源の見返りに先進企業がさまざまな援助を与えるという援助型のものとなる。

先進企業型合弁会社　共同事業者のいずれもが先進企業である場合は、特定の分野において双方がそれぞれ得意とする経営資源を合弁事業に結集するジョイントベンチャーとなるのがしばしばである。

戦略事業型合弁会社　共同事業は本来戦略的性格を帯びているものであるが、戦略事業型という場合2つの意味がある。1つは、共同事業そのものが現代という時代において、例えば先端技術分野のように事業の性格において戦略性を有するものであり、参加者はこの特定事業の目的のために結集する。もう1つは、共

同事業者の一方にとって共同事業が戦略性をもつ場合であり、当該参加者の事業戦略上、例えばその核となる事業との関係において共同事業に参画することが戦略的意味をもつことになる。

3 コーポレート型国際ジョイントベンチャー契約の基本的構造

ジョイントベンチャーの目的は、明確に定義して、共同事業者間で合意する必要がある。

（1）新会社の設立

共同事業者は、ジョイントベンチャー契約に基づき現地会社法に従ってコーポレート型ジョイントベンチャーとして合弁会社を設立する。定款は、合弁会社の基本原則を定めるものであり、基本定款と付属定款より構成される。基本定款は、会社法の要求する記載事項である会社の商号、住所、目的、資本などを定め、付属定款には、株主総会、取締役会、会長・社長など会社法の要求する記載事項およびジョイントベンチャー契約において定める基本的な合意事項を記載する。定款はジョイントベンチャー契約書に添付され、その構成部分となるが、定型的な別の文書として等閑視されるべきではない。ジョイントベンチャー契約における合意事項は、定款に記載されることによって会社の基本原則となり、第三者に対して主張し、第三者と合弁会社の関係を拘束しうるものとなる。共同事業者は、新会社に対する出資について現金出資、現物出資、あるいは両者の組み合わせとするかを決めなければならない。現物出資については、出資の対象物および評価方法について合意する必要がある。

弁会社の資本の額は、共同事業の規模および将来の事業の発展性を考慮して決定され、授権資本および払込資本が定められる。発行する株式の種類、株式数および額面金額の詳細とともに、共同事業者はそれぞれの出資比率について合意し、増資の場合には原則としてその出資比率に

応じて新株引受権を有することを定める。

(2) 株式譲渡制限

　合弁会社の株式の譲受人は、少なくとも一定の重要な意思決定に対して拒否権をもつ可能性があり、残存する共同事業者である株主にとっては、新しいパートナーが調和しうる個性と共通する利益を有するかどうかについて重大な関心をもたざるをえず、株式譲渡制限規定が必要である。

絶対的制限　株式の永続的な絶対的制限は、いかなる裁判所によっても公序に反するものとして支持されることはない。しかし、一時的な絶対的制限は、初期の段階においては合弁会社の目的および性格に適している。

合意による制限　共同事業者である他方の株主の合意による株式譲渡については、裁判所はこれに合理性と誠意を認めることができるといわれる。しかし、株式譲渡の申し入れに合意しない株主は、第三者である当該買主をパートナーとして受け入れがたいと信じたから合意できないのであって、その拒否は許されるべきものである。したがって、この方式が働きうる余地は必ずしも大きくはない。

第1拒否権　ジョイントベンチャー契約における最も一般的な株式譲渡制限は、第1拒否権のメカニズムによって共同事業者である株主間の利害を調整する方法である。株主がその株式を第三者に売ることを望む機会は、株主自ら第三者である買主を見つけてその買主から、あるいは第三者の買主から株式買い取りの申込を受けた場合に生じる。株式の譲渡を望む株主は、共同事業者である他の株主に対して一定の期間当該買主の申込と同じ価格でその株式を売るオファーをしなければならない。オファーを受けた他の株主は、その後一定期間内にその株式を買い取るか、買い取りを拒否する権利、つまり第1拒否権を行使することができる。他の株主がこの買取権を行使しない場合には、譲渡を望む株主は、その株式を当該買主に当初のオファーの条件

よりも不利なものではない条件で売却することができる。ただし、当該第三者からの買い取りオファーは次の条件を満たすことが要求される。第1に、そのオファーは誠実なものなければならない。このためには、当該第三者がオファーを受けた株主と同等の良い評判、信用、経験および財務能力をもっていること、第三者と株主間に直接、間接の利害関係がなく、当該オファーが独立当事者間の取引であって、株主の第三者に対する対価となんら結びついていないことが必要である。第2に、当該オファーは、第三者がジョイントベンチャー契約を遵守し、その条件に拘束され、オファーを受けた株主のすべての義務を引き受けるものでなければならない。

(3) 経営管理機構

　合弁会社の経営管理機構は、会社の最高意思決定機関としての株主総会、会社の経営責任を引き受ける取締役会、日常業務における最高経営責任者としての会長・社長の三者から構成される。合弁会社は閉鎖会社として、所有と経営の分離が不十分であり、前二者の機能、場合によっては三者の機能が未分離のまま重なり合うことがしばしばであるが、理論的にはそれぞれの機能と役割を分離させ、その上で当該合弁会社の性格と共同事業者間の関係に基づいて適切な経営管理機構のフレームワークを設けることが必要と考えられる。

株主総会　合弁会社の株主総会も閉鎖会社としての株式会社がもつ株主総会と基本的に変わるところはない。会社法に従って、通常株主総会と臨時株主総会が開催され、会議体としての定足数、通常決議および特別決議の要件が定められる。少数株主である共同事業者は、自己の利益を守るために決議要件の加重を主張する。共同事業である以上、たとえ支配株主でも会社における重要な意思決定事項に対する少数株主の拒否権を受け入れざるをえない。

取締役会　共同事業者は、ジョイントベンチャー契約において、取締役の総数およびその出資比率に応じて取締役を指名で

きる権利を定める。株主としての共同事業者は、そのようにして指名された取締役を株主総会において選任することに合意する。会社法に従い、取締役会は、合弁会社の経営ポリシーを決定し、定款に定める会社の経営に必要なすべての権限と責任を有する。会議体としての定足数、通常決議および特別決議の要件が定められるが、特別決議については、株主総会における決議と同様な問題を検討しなければならない。

会長・社長　　合弁会社においては、支配株主である共同事業者が最高経営責任者（CEO,）の地位にある社長を指名する権利を確保する。社長は、取締役会のポリシーと指示の下、定款に定める日常業務運営に必要な権限と責任を有する。会長は、社長の指名権をもたない他方の共同事業者によって指名されるのが通常である。その役割と権限は、社長の権限をある程度コントロールすることが原則であるが、社長の権限とのバランスおよび共同事業者間の関係によって定まってくる。

（4）経理ポリシー

共同事業者の合弁会社に対するポリシーの相違は、配当ポリシーの考え方の違いとなって顕在化する。合弁会社の将来の投資のために内部留保を重視するか、あるいは合弁会社の共同事業者に対する貢献として配当を重視するかの問題である。配当ポリシーは、合弁会社の事業である共同事業の成長性と共同事業者の合弁会社に対する経営戦略にかかわることになるが、共同事業者に対する貢献としての配当の最大化を基本とすべきと考えられる。

（5）雇用ポリシー

合弁会社は、初期の段階においては経営幹部を含む専門家を自ら雇用する力をもっていないのが通常である。共同事業者が合弁会社の運営に必要な専門家を派遣するが、派遣する人員の資格、人数、条件、期間、合弁会社での地位などについて、共同事業者はジョイントベンチャー契

約において合意する。合弁会社における事業経営の自主性を早い機会に確立するために、このような派遣は原則として期限を設け、合弁会社の成長に応じて段階的に派遣人員を引き上げ、現地で雇用する人員に置き換えていく必要があると考えられる。

(6) 共同事業者の援助義務

　共同事業者は、共同事業体である合弁会社が成長するようにさまざまな形で援助を行う。これらの義務は、いわば共同事業者の子育て義務の一環といえるが、一方で、親である共同事業者が合弁会社を利用するという側面でもある。

資金援助　共同事業者は、合弁会社設立時に、それぞれが出資する資本および外部から調達する資金を決定するが、さらに合弁会社の拡大段階における増資や追加ローンの資金計画について合意しておく必要がある。このように合弁会社が当初計画していた金額を超えて追加資金を必要とする場合に備えて、共同事業者による追加の出資額や融資額とその時期および条件についてできるだけジョイントベンチャー契約に定めておくべきである。合弁会社の自己調達能力は限られているのが通常であり、自己調達が困難な場合に共同事業者の援助が求められる。共同事業者である株主は、増資、株主融資または金融機関からの借り入れに対する保証に応じなければならない。株主が合弁会社の要請に従い自動的かつ無制限に援助の義務を負うとなれば、合弁会社の形態を採用することによって共同事業者である株主は対外的には出資金の限度で責任を負うにすぎないが、対内的には相互の関係において実質的に無制限の責任を負うことになる。これは対内的には実質的なパートナーシップ関係の現れとみることができる。したがって、株主による自動的かつ無制限の資金援助に一定の歯止めをかけておく必要が生じる。このために一定の上限の金額または一定の基準を設けておき、これを超える資金援助の場合にはあらためて株主間で協議する方法が考えられる。

技術援助　共同事業者がライセンサーとして合弁会社に技術移転する場合には、ジョイントベンチャー契約の一部としてライセンス契約を合弁会社と締結する。共同事業者がライセンサーとしての技術移転の範囲を超えて、共同事業者であるがゆえに合弁会社に対して幅広い技術援助を求められることが多い。

原料・部品供給援助　合弁会社が原料・部品の安定供給源を必要とし、共同事業者がこれに応じる能力があれば最も頼りになる存在である。しかし、それが独占的地位として固定してしまうと、競争的市場価格で供給されているかどうかが問題となるおそれが生じる。合弁会社としては、共同事業者が競争的市場価格で供給することができない場合には、第三者から購入するオプションをジョイントベンチャー契約上確保する必要があり、一方、供給者としての共同事業者は価格面で柔軟に対応して供給義務を果たすことが求められる。

製品マーケティング援助　合弁会社は、設立当初販売チャンネルを未だもっていないのが通常であり、なんらかの形で共同事業者のマーケティング力に頼らざるをえない。合弁会社が当初から販売部門を設け自ら市場を開拓していく例も多いが、これには長い時間を要するので、共同事業者が合弁会社育成の一環として合弁会社の販売活動を援助する必要性が高い。共同事業者である株主による援助の形としては、合弁会社が株主に販売し、株主が自らの販売チャンネルで販売活動を行う場合、あるいは合弁会社が株主から販売代理権を得て株主の販売促進援助の下に実質的に株主の販売チャンネルを利用する場合がある

(7) ジョイントベンチャー関係の解消

　ジョイントベンチャー契約にその期間に関する定めがあれば、期間満了によってジョイントベンチャー関係は解消となる。しかし、半永久的な存続を前提としているというよりも当事者間で存続期間の予測ができない、あるいは具体的に合意できないことから、期間に関する条項がな

く、そしてジョイントベンチャー関係の解消に関する定めが不十分な場合が多く見受けられる。ジョイントベンチャー関係の継続を脅かすようなさまざまな変化や出来事が共同事業を運営する過程で生じてくるが、これらを乗り越えることができないような深刻な段階で、当事者がジョイントベンチャー関係の解消について短時間で合意に達することはきわめて難しい。

(a) 解消のプロセス

解消事由の発生と株式買い取り（バイアウト） ジョイントベンチャー解消の第1段階として、次のような解消事由によって株式買い取りの権利を発生させるメカニズムが考えられる。

①共同事業者の破産、支払不能、解散、重要な営業譲渡、買収などの共同事業者自体の事業における重大な変化が生じた場合、他方の共同事業者にその共同事業者がもつ合弁会社の株式を「公平な価格」で買い取る権利が与えられる。②共同事業者が出資、資金援助などの重大な義務違反を犯した場合、他方に「公平な価格」で株式を買い取る権利が与えられる。③取締役会や株主間の協議におけるデッドロックが発生し、ジョイントベンチャー契約に定める手段を尽くしても解決に至らず、共同事業者が撤退を望む場合、他方に「公平な価格」で株式を買い取る権利が与えられる。④一定の絶対的解消禁止期間後に、共同事業者がジョイントベンチャーの解消を申し立て、他方が反対する場合、他方に「公平な価格」で株式を買い取る権利が与えられる。⑤共同事業者が第三者からその持株全部を買い取りたいとのオファーを受けた場合、前述したように他方に第1拒否権が与えられる。

公平な買取価格 ジョイントベンチャー契約において事前に価格を定めるメカニズムとして、一般的に次のような方法が挙げられる。①事前に設定された価格。②財務指標に基づいた算定方式。③独立の鑑定人によって決定される公平な価格。④当事者間の合意による価格。

　このような解消のプロセスが有効に働くためには「公平な価格」の評価の基準があらかじめ設定されていることが不可欠であり、例えば、次のような算定方式をジョイントベンチャー契約に織り込むことが考えられる。①合弁会社の向こう5年間の予想利益に有形資産の市場価格を加えた額などのような公平な価格の算定基準に基づき当事者が評価する。②公平な価格の評価のために、独立した鑑定人を選任する手続きと評価の決め方が定められる。③公平な価格の算定基準に基づいて、当事者によって選任された鑑定人が評価する。

　(b) 解散と清算

　コーポレート型ジョイントベンチャーにおいては、共同事業者である株主は、前述した解消事由の発生により、バイアウトの権利を行使する株主がいない場合には、会社法に従ってジョイントベンチャーの経営陣による通常の解散・清算手続に入ることを決定することができる。しかし、株主間の不一致など裁判所の介入を必要とする場合には、裁判所の監督の下で特別の解散・清算手続が行われる。パートナーシップ型ジョイントベンチャーにおいては、共同事業者は、ジョイントベンチャー契約に別段の規定をしない場合には、パートナーシップ法に従って解散・清算手続を行う。

　(c) ジョイントベンチャー関係の解消に伴う措置

　ジョイントベンチャー契約において前述の解消のプロセスまでは合意していたとしても、契約締結時点で解消に伴う措置について定めることは実際上困難であるが、解消時点では共同事業者間で利害が鋭く対立しているので、あらかじめその基本的枠組みを契約に織り込んでおく必要がある。

共同事業者の撤退に伴う措置　前述した株式買取権や第1拒否権の行使によって共同事業者の一方が撤退する場合には、次のような措置を講じなければならない。第1に、撤退する共同事業者がジョイントベンチャーに提供していた原材料・部品供給について、契約解除か継続か。解除の場合には、新しい供給先が

確保できるまでの継続供給の義務を残存させる必要がある。逆に、ジョイントベンチャーが撤退する共同事業者に原材料・部品を供給していた場合には、ジョイントベンチャーとしては、その供給の権利を残したいところである。第2に、撤退する共同事業者が提供していた製品マーケティング援助について、契約解除か継続か。解除の場合、ユーザーに対する品質保証や欠陥製品のクレームなどの保証責任はどの程度ジョイントベンチャーに引き継ぐかを明らかにする必要がある。第3に、撤退する共同事業者がライセンサーの場合における技術援助を含むライセンス契約について、契約継続か解除か。継続の場合、条件の変更に関する合意が必要である。第4に、撤退する共同事業者がジョイントベンチャーにその商標・商号の使用を許諾していた場合、その使用が禁止されるのが通常である。第5に、撤退する共同事業者が受領した秘密情報・ノウハウについて、すべての秘密情報の返還が要求され、ノウハウの使用が禁止される。第6に、撤退する共同事業者に残存する秘密保持義務の内容および存続期間。

解散・清算に伴う措置　ジョイントベンチャーの解散・清算は、合弁会社の場合は会社法に定める手続に従って行われるが、その後の共同事業者間の関係について次のような措置を講ずる必要がある。また、コーポレート型ジョイントベンチャーに近い構造を有するパートナーシップ型ジョイントベンチャーについても同様に考えられる。第1に、合弁会社に最終的に生じた損失について、共同事業者が持株比率に応じて負担するか。第2に、第三者との契約について、原則としてすべて解除するが、共同事業者が引き継ぐものがあるか。第3に、合弁会社に残るその他の法的義務・責任について、共同事業者が引き継ぐべき保証などの責任はあるか。第4に、合弁会社が採用した従業員について、共同事業者が引き取る可能性があるか。第5に、合弁会社が所有する知的財産について、いずれの共同事業者がいかなる対価で譲り受けるのか、そして他の共同事業者に対するライセンスおよびその条件はどうするのか。第6に、共同事業者との契約

について、原則としてすべて解除するが、共同事業者間の契約に変えて
残すべきものがあるか。ライセンス契約の場合、残存する事業を引き継
ぐライセンシーである共同事業者に対するライセンスをどのような条件
で許諾するのか否か。第7に、解散後も残存する秘密保持義務の内容
と存続期間。

4　合弁会社の経営管理機構

(1) マネジメントの任免

社長・会長の指名　　　共同事業者の中で合弁会社のコントロールないし支配権を握る当事者が社長の指名権をもち、
この意味において経営権をもつに至るというのが通常である。この場合
の支配権は持株比率が基準であるが、同じ持株比率の場合には共同事業
に対するその他の実質的な貢献を含めて支配権の基準とする例もしばし
ばである。いずれにしても貢献度が同等に近い場合には、社長の指名権
は一定期間または任期ごとのローテーションにより相手方に移るとする
のが公平である。しかし、初期段階を経た一定期間後は、このような
ルールを離れて当該ジョイントベンチャーの経営に最もふさわしい人材
を共同事業者からの派遣のみならず現地人を含めて指名することを許容
する仕組みは、国際ジョイントベンチャーが長く存続しうる道であると
考えられる。会長の指名権は、社長の権限をコントロールするという観
点からも、他方の当事者に与えられるのが通常である。

取締役の指名　　　共同事業者は、それぞれの持株比率に応じた数の取締役を指名する権利をもち、常にその数の取締役を
維持しようとするのが通常である。

オフィサーの任免　　　オフィサーの指名については、それぞれの共同事業者が一定のオフィサーのグループを指名す
る、あるいはオフィサーが一定期間ごとに指名されるローテーション方
式をとる例が見受けられる。しかし、このような方式はいささか硬直的
であり、スタートアップ後の数年間にとどめ、それぞれのオフィサーの

職務に最もふさわしい人材を共同事業者からの派遣者や現地人の中から
広く求めるのが望ましい。

(2) マネジメント間の権限配分

株主総会、取締役会、会長・社長　　　合弁会社における会社法上の最高
の意思決定機関は株主総会であ
り、まず株主総会と取締役会との間で会社運営に関する権限を適正に配
分する必要がある。ジョイントベンチャー契約でこれをどのように定め
るかは、合弁会社の閉鎖会社としての性格および株主である共同事業者
間の関係にかかっている。

　会社法において定められる株主総会の法定決議事項を基準とすれば、
次のような分類が考えられる。第1は、株主総会の決議事項を法定事
由に限るもの。これはさらに、取締役会の決議事項をできるだけ限定
し、会長・社長のトップマネジメントに多くの権限を委ねるケースと、
株主が合弁会社の運営にとって重要と考える基本的な事由のすべてを取
締役会の決議事項とするケースに分けることができる。第2は、株主
総会の決議事項を法定事由に限らず、株主が合弁会社の運営にとって重
要と考える基本的な事由のすべてを株主総会の決議事項とするもの。こ
の場合も第1の場合と同じように2つのケースに分けることができる。
株主総会の法定決議事由とは、取締役の選任・解任、減資、定款の変
更、決算書類の承認、合併、解散などが一般的である。合弁会社の運営
の点から他の基本的な事由とは、例えば、資産・事業の売却・取得、投
資・株式取得、増資、社債の発行・償還、保証、訴訟提起・和解、公認
会計士の指名、仲裁人の指名、会社・株主間の取引の承認などであり、
合弁会社のフレームワークにかかわるものである。合弁会社は、株主の
利害を直接反映するのが通常であるから、共同事業者である株主自らが
合弁会社の運営に直接関与する例が多く見受けられ、基本的事由につい
て株主総会と取締役会の二重の決議を要求することもしばしばである。
株主の過度の関与は、かえって合弁会社の自主性を損ない、合弁会社の

事業運営に問題を生じることになる。これらの事由のすべてを株主総会の決議事項とすべきではなく、一定の金額以上のものについては株主総会、それ以下のものは取締役会に委ねる、あるいは取締役会の専管事項とするというように、実質的に合弁会社の運営に責任を有する取締役会に権限を適切に配分することが必要であると考えられる。取締役会の権限としては、会長・社長の選任・解任、副社長等の執行役員の人事、株主総会の招集、新製品の開発・販売、新規事業への進出、長期借入、予算・予算超過の承認、重要な契約の締結・変更の承認、経理報告などが一般的に挙げられる。合弁会社の日常業務の執行の責任者である会長・社長の権限を取締役会との関係においてどのように定めるかについても、合弁会社の自主性という観点から検討すべきである。社長は、取締役会のポリシーとその意思決定に従って合弁会社の事業を執行するのは当然であるが、他の権限としては、例えば、執行役員より下の従業員の人事、資金運用、短期借入、予算執行、契約の締結・変更などが考えられる。株主総会の権限について述べたと同様に、取締役会の権限についても、一定額以下のものは社長の権限あるいは社長の専管事項とすることにより、日常業務にかかわる限り社長の権限を広くする必要がある。日常業務の最高経営責任者は社長であり、その社長の行動をあまりにも制約することは合弁会社の運営に支障をきたす要因となるからである。会長の権限については、取締役会の招集、株主総会の議長などが挙げられるが、社長との権限の分担の問題である。社長が最高経営責任者であれば、会長の役割は、社長の権限をチェックする機能をもたせることが考えられる。

株主総会・取締役会における決議要件

通常の会議体における決議要件は、過半数出席、出席者の多数決が原則である。株主総会においては株式数によることとなるが、通常の多数決による決議要件以外に、会社法に基づき特別決議要件（例えば、3分の2の多数決）が定められている。取締役会においては通常決議要件が原則である。これらの通常決議要件・特別決議要件は、

ジョイントベンチャー契約によって加重し、さらに付属定款に記載することにより合弁会社の基本原則とすることができる。50:50の対等出資の合弁会社においては、いずれの株主も拒否権を有することになるが、50％未満の少数株主である共同事業者も自らの利益を保護するために拒否権をもつことを強く望む。このための方法として決議要件の加重は最も有効である。少数株主の持株比率が50％に近ければ近いほど、その拒否権に対する要請は強くなる。ジョイントベンチャーを文字どおり共同事業として位置づける以上、50％超の株式を有する共同事業者も少数株主の要請をある程度受け入れざるをえない。株主総会については通常決議要件が加重される例が多いが、特別決議要件が加重される例もしばしば見受けられる。さらに、取締役会における決議要件も加重される例が多い。加重の仕方としては、賛成票の加重以外に、定足数の加重あるいは特定案件に対する加重も1つの工夫である。いずれにしてもいかなる案件について、どのように加重するかは、少数株主の持株比率との関係において検討することが必要である。

株主協議機関の設置　前述したように株主総会、取締役会および会長・社長の間の権限配分が適切に設計されたとしても、実際の合弁会社の運営は関係当事者の姿勢いかんにかかっており、必ずしも円滑な運営が保証されるわけではない。株主自身が相互に協議し、決議できる場として株主総会があるが、この株主総会はとかく形式的なものになりがちである。上記の合弁会社の基本的事由が相当程度株主総会の決議事項とされていても、株主総会が年に何度も開催されることはまれである。各株主によって指名された取締役は、株主の意向に沿って行動するのが通常である。しかし、日々行われるビジネスの実際においては必ずしも常にそうであるとは限らない。その取締役は共同事業者である株主によって指名されたとはいえ合弁会社の取締役であり、合弁会社に対して忠実義務を負い、合弁会社の目的を追求する立場にある。場合によっては、当該取締役がその株主の利益に反するような形で行動することもありうる。

　共同事業者である株主の利害と合弁会社の利害あるいはその株主間の利害が一致しないことはしばしば起こりうることである。合弁会社の共同事業の追求という目的の面で不一致はなくても、当面の経営方針を異にする、あるいは具体的なビジネスの手順に相違をきたすことはむしろ絶えず生じてくるといっても過言ではない。当然に必要となるこのような利害の調整をできるだけ早い段階で図る必要があり、このために株主が相互に機動的に協議することができるような場として、次のような株主協議機関を株主総会以外のところで設けることが考えられる。この株主協議機関は、あらかじめ開催の頻度・場所を定めた常設のものとする。株主間の利害をうまく調整するには常時株主間で意思の伝達が行われることが望ましく、定期的な運営が必要である。構成メンバーについては、共同事業者である株主の当該事業部門の最高責任者が入るのは当然であるが、合弁会社の会長・社長もメンバーあるいはオブザーバーとして参加する。このような株主協議機関の法的位置づけについては、株主が直接統治する必要があるという特殊な場合を除き、取締役会に代わる、あるいは並行する意思決定機関とすることは本来の目的にそぐわないおそれがあり、屋上屋を架すことになる。むしろ取締役会に対する諮問機関的役割を与えて柔軟性をもたせておく方が、合弁会社経営の責任は取締役会にあることをあらためて明確にし、その使命の達成を促すことにつながる。また、この機関はジョイントベンチャー契約によって設けられるものであるが、単に株主間の任意的な機関とするよりも、付属定款に記載することも考えられる。株主協議機関は、これによって第三者に対して主張しうる合弁会社の基本的な機関の1つとなり、その重要性を認識させることになる。

5　アメリカ反トラスト法による規制

　2000年4月、司法省および連邦取引委員会（以下「当局」という）は、「競争者間協調のための反トラストガイドライン公表している。このガイドラインは、競争者間の協調に関する反トラスト当局の一般的執

行政策を表明することにより、企業が競争者間の協調またはそのための協定を評価することを助けることを目的とする。もっとも、協調に参加しないライバルによる競争の排除・制限に対する競争者間の協調の反競争的効果およびスタンダード設定の反競争的効果には適用されない。

(1) 競争者間契約を評価するための一般原則

潜在的競争促進便益 当局は、消費者が、多くの仕方で競争者協調から便益を得ることを認識している。協調は、参加者が、存在する資産をよりよく使用することを可能にし、または参加者が、協調がなければ、生じないであろう産出を向上する投資をするインセンティブを提供しうる。

潜在的反競争的害 競争者協調は、価格を引き上げ、または関連協定がなければ広く行われているだろう以下に、産出、サービス、品質もしくはイノベーションを低下させる能力もしくは利益が上がるようにインセンティブを増加することによって、競争者および消費者を害しうる。

総体的協調およびそれが構成する協定の分析 一般的に、当局は、総体的協調および競争を害するであろう協調内の個別の協定または協定のセットの競争的効果を評価する。関連協定の競争的効果は、内部的再編成、協調の部分としての新しい協定の採用、参加者の追加もしくは退去、新しい市場状況またはマーケットシェアにおける変化のような、環境における変化に依拠しつつ、時が経つにつれて変化しうる。当局は、協調の形成時であれ、または適切であるとしてより後であれ、関連協定の競争的効果を、競争に対するありそうな害の現在で査定する。

(2) 競争間契約を評価するための分析フレームワーク

一定のタイプの競争者協調および協調が構成される契約は、競争に対して有害そうであり、そしてその協定がそれらの効果に対して列挙され

た調査のために要求される時間および費用を保証しない、大きな便益を
もちそうにない。一度確認されると、そのような協定は、当然違法とし
て挑戦される。

(a) 当然違法として挑戦される協定

　常にまたはほとんど常に、価格を引き上げる、または産出を削減する
傾向のある対応の協定は、当然違法である。典型的にこれらは、価格お
よび産出について競争しない協定である。当然違法として判定されてき
た協定のタイプは、価格もしくは産出を協定する、入札を談合する、ま
たは顧客。供給者、地域もしくは商業のラインを割り当てることによっ
て市場を分ける、もしくは分割する競争者間の協定を含む。効率性を向
上させる経済活動の統合の参加者が、その統合に合理的に関係し、かつ
その競争促進的効果を達成するのに合理的に必要な協定に入る場合に
は、たとえそれが、さもなければ当然違法と考えられるようなタイプの
ものであっても、反トラスト当局は合理の原則の下でその協定を分析す
る。

(b) 合理の原則に基づいて分析される協定

　当然違法として挑戦されない協定は、それらの競争的効果を決定する
ために合理の原則に基づいて分析される。合理の原則分析は、関連協定
なしの状態と比較して、関連協定を有する競争の状態に焦点を合わせ
る。中心の疑問は、関連協定が、関連協定がなかったならば広く行われ
ていたであろう以上に価格を利益が上がるように引き上げる、または産
出、品質、サービスまたはイノベーションを引き下げる、能力およびイ
ンセンティブを増加することによって、競争を害しそうであるかどうか
である。当局は、参加者および協調が、契約が独占的または非独占的で
あるかどうか、およびその存続期間のような、独立して競争する能力お
よびインセンティブを有するという程度に関連する要素を吟味する。当
局はまた、新規参入が、時宜に適しており、可能で、かつ反競争的害を
妨げ、または中和するに十分であるかどうかを評価する。調査が反競争
的害を示すならば、当局は、関連協定が、反競争的害を相殺するであろ

う競争促進的便益を達成するために合理的に必要かどうかを吟味する。

(c) 関連契約の性質—ビジネス目的、市場におけるオペレーションおよびありそうな競争的懸念

契約の性質は、それが反競争的効果を引き起こしうるかどうかに関係している。以下は、独立した意思決定をすることを排除する、または支配または財務的利益を結合することによって競争を害するであろう契約のタイプを例示する。

生産協調 競争者協調は、他に販売された、または参加者により投入として使用される製品を共同で生産する協定に影響を及ぼしうる。そのような協定は、しばしば競争促進的である。参加者は、補完的技術、ノウハウまたは協調がより効率的に価値を生産すること、または1人の参加者のみでは生産できないであろう価値を生産することを可能にする他の資産を結合しうる。

販売協調 競争者協調は、共同して、または個別的にしろ、生産される商品またはサービスを共同して、販売し、流通し、または販売促進する協定に影響を与えうる。そのような協定は、例えば、補完的資産の結合が、製品が、市場により早く、かつ効率的に届くことを可能にする場合、競争促進的でありうる。しかしながら、販売協調は価格、産出もしくは他の補完的に重要な変数、または広範なネットワークのような反競争的害に帰することができる、競争的に重要な資産の使用に関する協定に影響を与えうる。

購買協調 競争者協調は、必要な投入を共同で購入する協定に影響を与える。多くのそのような協調は、反トラスト懸念を引き起こさない、そして実際に競争促進的でありうる。

研究開発協調 競争者協調は、共同研究開発に従事する協定に影響を及ぼす。そのような協定のほとんどは、競争促進的であり、それらは典型的に合理の原則に基づいて分析される。

(c) 共謀を容易にする関連契約

前述した競争者協調の各タイプは、共謀を容易にすることができる。

競争者協調は、共謀の土台を削り取るであろう逸脱を発見し、処罰する
より大きな能力と同様に、参加者が、反競争的条件について議論し、合
意する、またはさもなければ、反競争的に共謀する機会を提供しうる。
共謀を容易にする契約は、しばしば情報の交換または開示を伴う。当局
は、競争者間の情報共有は、競争促進的であり、そしてしばしば、一定
の協調の競争促進的便益を達成するために合理的に必要であることを認
識している。それでもなお、いくつかのケースにおいて協調が活動して
いる、または参加者が実際のもしくは潜在的な競争者である市場に関係
する情報の共有は、価格、産出、コストまたは他の微妙な変数のような
事柄に関する共謀の可能性を増加しうる。

(d) 協調により影響される市場

当局は、いくつかのケースにおいて、特定の関連市場の境界を定める
ことなく、直接に競争的効果を算定することは可能であるが、典型的に
関連製品および競争が競争者協調によって影響される地理的市場のすべ
てにおける競争的効果を確認し、査定する。競争者協調によって影響さ
れる市場は、参加者の活動の経済的統合が生じる、または協調が活動す
る、もしくは活動するであろう市場のすべてを含み、そして参加者が実
際のまたは潜在的な競争者である追加の市場も含む。

① 商品市場　　関連市場の境界を画定するために、当局は、一般的
に価格上昇に対する買手のありそうな反応を考慮し、そしてどのように
買手が広く行われている価格レベル以上の増加に反応するであろうかを
典型的に尋ねる。

② 技術市場　　知的財産権が、それらが使用される製品とは別途に
市場に出されるとき、当局は、知的財産をライセンスする協定を含む競
争者協調の競争的効果を査定する際に、技術市場の境界を画定しうる。

③ 研究開発・イノベーション市場　　多くのケースにおいて、イノ
ベーションに対する協定の競争的効果は、関連商品市場における別個の
競争的効果として分析される。当局は、研究開発に従事する能力が、特
定の企業の専門化した資産または特徴と関連することができるときІの

み、イノベーション市場の境界を画定する。

(e)　マーケットシェアおよび市場集中

マーケットシェアおよび市場集中は、関連協定が、市場支配力を形成もしくは増加し、またはその行使を容易にする可能性に影響する。市場支配力の形成、増加または容易さは、関連協定がなければ広く使われているであろう以上に利益が上がるように価格を引き上げる、または関連協定がなければ広く使われているであろう以下に産出、品質、サービスもしくはイノベーションを低下する、能力およびインセンティブを増加しそうである。

(f)　参加者および協調が競争する能力およびインセンティブに関係する要素

契約の性質、マーケットシェアおよび市場集中データが、反競争的害の可能性を明らかにする場合、当局は、参加者および協調がお互いに独立して競争する能力およびインセンティブを有する程度をより厳密に吟味する。当局は、6つの要素に焦点を合わせそうである。すなわち、(イ)関連協定が、参加者は、協調が活動している市場における協調の外で独立して競争することを続けそうであるということにおいて、排他的でない程度。(ロ)参加者が、競争するのに必要な資産の独立した支配を保持する程度。(ハ)協調またはお互いにおける参加者の財務的利益性質および程度。(ニ)協調が競争的に重要な意思決定をすることの支配。(ホ)反競争的情報の共有の可能性。(ヘ)協調の期間。

①　排他性　　当局は、関連契約が、どの程度、どのような仕方で、別々の、独立したビジネス活動を通じてか、または他の協調における会員資格を通じてか、参加者がお互いに対して競争しつづけることを認めるかどうかを考慮する。

②　資産に対する支配　　当局は、協調によって影響される市場において参加者が、効果的、独立した競争者であることを以前に可能にしてきた、またはおそらく可能にするであろう重要な資産を参加者が協調に寄付することを、関連協定は要求するかどうかを尋ねる。

③　協調および他の参加者における財務的利益　当局は、協調における各参加者の財務的利益および協調と独立して競争する参加者のインセンティブに対する潜在的な影響を査定する。当局はまた、参加者間の直接資本投資を査定する。そのような投資は、参加者がお互いに競争するインセンティブを低下しうる。

④　協調の競争的に重要な意思決定の支配　当局は、参加者および協調が独立して競争する能力およびインセンティブを有する程度を算定する際に、協調が組織化され、統治される仕方を考慮する。当局は、協調の統治構造が、協調が独立した意思決定者として行動することを可能とする程度を考慮する。協調の意思決定が参加者の支配に従う範囲で、当局は、支配が共同で行使されることができるであろうかどうかを考慮する。

⑤　反競争的情報の共有の可能性　当局は、協調によって影響される市場に関する競争的に微妙な情報が開示されるであろう程度を評価する。この可能性は、中でも、協調の性質、その組織および統治、ならびにそのような開示を妨げまたは最小にするために実施される安全装置に依拠している。

⑥　協調の期間　当局は、参加者が、お互いにおよび協調に対して競争する能力およびインセンティブを保持するかどうか査定する際に、協調の期間を考慮する。一般的に、期間が短ければ短いほど、参加者がお互いにおよび協調に対して競争することはよりありそうである。

(g)　参　　入

容易な参入は、関連協定がなければおそらく広く行われていたであろうものより以上に価格を、または関連協定がなければおそらく広く行われていたであろうものより以下に産出、品質、サービスもしくはイノベーションを利益が上がるように維持することを妨げまたは防止する。協定の性質、マーケットシェアおよび集中のデータが、継続する競争によって十分に緩和されていない反競争的害を示唆する場合、当局は、参入が、時宜に適しており、ありそうであり、かつ懸念の反競争的害を妨

げ、妨害するのに、その大きさ、性格および範囲において十分であるかどうかを尋ねる。もしそうであるならば、関連協定は、通常、さらなる分析を要求しない。

協調の競争促進的便益の確認　競争者協調は、多くの仕方で消費者に便益を与える十分な効率性を生じる潜在力をもっている。当局が、関連協定が反競争的害を引き起こした、または引き起こしそうであると結論するならば、当局は、競争が、認識可能な効率性を達成するに合理的に必要であろうかどうかを考慮する。

①　認識しうる効率性は、証明可能でかつ潜在的に競争促進的でなければならない。効率性は、部分的に、効率性に関する情報の多くが、比類なく、協調の参加者の所有であるがゆえに、証明し、定量化することが困難である。参加者は、当局が、それぞれの主張された効率性の可能性および大きさを合理的手段によって証明することができるように、効率性の主張を、それぞれがどのようにかついつ達成されるであろうか、そうすることのコスト、それぞれが協調または参加者の競争する能力およびインセンティブをどのように向上するであろうか、およびなぜ関連協定が、主張された効率性を達成するに合理的に必要であるのか、具体化しなければならない。効率性の主張は、漠然としている、不確かである、またはさもなければ、合理的主張によって証明されることができなければ、考慮されない。さらに、認識しうる効率性は、潜在的に競争促進的でなければならない。反競争的な産出またはサービス削減からから生じるコスト節約は、認識しうる効率性として取り扱われない。

②　合理的に必要でかつより制限的でない選択肢　当局は、関連契約が合理的に必要である効率性のみを考慮する。参加者が、実際的な、十分により少ない制限的手段によって同様の効率性を達成した、または達成することができたであろうならば、当局は、関連契約が、彼らの達成にとって合理的に必要でないと結論する。

総体的競争効果　関連契約が、認識しうる効率性を達成するために合理的に必要であるならば、当局は、関連市場における競争に対する契約の全部の実際のまたはありそうな効果を決定するために、認識しうる効率性および反競争的害の可能性および大きさを査定する。

（3）反トラスト安全圏

　安全圏は、反競争的効果がありそうにないので、当局が特定の環境を尋ねることなく、協定が合法的であると推定する状況において、確かな程度で、競争者協調における参加者に提供するために設計されている。当局は、単に競争者協調が安全圏外に落ちるからといって、それらが反競争的であるというのではないことを強調する。実際に、安全圏外に落ちる多くの競争者協調は、競争促進的であるかまたは競争的に中立である。

　①　競争者協調のための安全圏一般　当局は、協調およびその参加者のマーケットシェアが、一まとめにして、競争が影響される各関連市場の 20 ％を超えない時には、競争者協調に挑戦しない。しかしながら、安全圏は、当然違法である、もしくは詳細な市場分析なくして挑戦されるであろう協定、または合併分析が適用される競争者協調には、適用されない。

　②　イノベーション市場の状況において分析される研究開発のための安全圏　当局は、協調の研究努力に加えて 3 以上の、独立して支配される研究努力が、要求される専門化した資産または特徴および協調の研究開発活動のための接近した代替物である、研究開発に従事するインセンティブを所有する場合、イノベーション市場における競争に対する効果に基づいて競争者協調に挑戦しない。

第 7 章

国 際 買 収

1 国際買収のフレームワーク

事業戦略としての国際買収　　グローバル市場における企業活動の特徴的な現れである国際買収は、とりわけアメリカと EU を先導として、わが国や中国に波及しつつ、金融・保険、電子・電気、通信、自動車、鉄鋼、流通等の分野において国際的な買収が活発に展開されている。国際買収は、国境を越えて海外の企業またはその事業を買収するのであるから、企業の事業戦略そのものであり、企業は多くの経営戦略の選択肢の１つとして、いやその最も有力な事業戦略として国際買収を計画し実行する。その本質は、事業経営において非常に効率的に「時間を買う」ことであるといえる。このような国際買収は、どのような目的ないし動機により事業戦略として用いられるのであろうか。第１に、企業が海外に進出し、海外市場における生産販売体制を確立するために現地企業ないしその事業を買収する。第２に、企業はその有する技術などの経営資源に限界を感ずるのがしばしばであり、買収は、その限界を超えて新規事業への進出または新技術を獲得するための有力な手段である。第３に、買収は、既存事業の再構築による競争力強化のために速効性のある戦略である。第４に、企業は買収によりその事業規模をグローバルに拡大してスケールメリットを追求することが可能である。第５に、核となる事業を一段と強化するために、買収が利用され、競争力のある企業はさらに競争力を強化する

ことができる。第6に、激しい技術革新にともなう事業再編による業容の多角化は、買収という迅速な事業戦略によってはじめて対応することが可能である。第7に、特定の国あるいはブロック地域のマーケットシェアを一挙に拡大するために、当該市場における有力な企業の買収が企図される。第8に、企業がグローバル市場におけるリーダーシップを確立するために、最も効果的な事業戦略として買収を活用する。第9に、川上あるいは川下市場へ円滑に参入するための手段として、関連する企業の買収が行われる。第10に、技術革新の激しい分野においては技術者や専門家が不足するが、このような分野で急成長する企業は、買収によって優秀な人材をグローバル市場から調達することが可能となる。

2 国際買収の形態

事業買収の形態には、合併か株式・資産買収か、交渉による買収か現金公開買付か、全部買収か一部買収かなどさまざまであり、またそれぞれの組み合わせも多様である。買主である買収企業の事業戦略と売主である被買収（買収対象）企業との関係により、当該買収における買収形態が決まってくるが、ここではアメリカ法の下において、交渉による買収か、合併、株式買収または資産買収のいずれを選択するかの観点から各種の買収形態を概観する。事業買収においては、租税負担の問題は買収形態を決定する重要な要因の1つであり、専門家による十分な検討が必要である。アメリカ租税法の下では、買収企業が買収対象企業の株式または資産を買収するに際し、売主である対象企業とその株主に租税負担のかからないような取引形態を利用することが一般的に可能である。もっとも、このためには買収企業が売主である対象企業またはその株主に対して株式を発行することが要求される。

（1）交渉による買収と敵対的買収

買収対象企業の経営陣が当該買収に対して友好的であるかどうかによ

り、買収形態は友好的買収と敵対的買収に分けることができる。売主と買主間における交渉による買収は、基本的に友好的買収であり、売主の経営陣の協力を得ることができる。

(2) 合　併

(a) 法による合併

会社法に基づく合併には、買収企業が買収対象企業を直接合併する場合と買収企業の子会社を対象企業と合併させる場合がある。これらの直接合併、三角または逆三角合併に共通する利点は次のとおりである。①対象企業の株主にとっては、買収企業の株式を受け取ることにより課税負担のない取引となる。②対象企業自体の買収となり、少数株主が残ることはない。③一般的に販売税の課税はない。もっとも、三角・逆三角合併については州により課税問題が生じる。④対象企業の契約上の権利は一般的には損なわれない。もっとも、特定の契約条項については合併に対して契約の相手方当事者の同意を必要とする。⑤合併のための書類作成は比較的簡単である。⑥敵対的な関係より協力的な関係であり、対象企業の経営陣にとっては魅力的となる。これに対して不利な点は次のように考えられる。①買収企業は対象企業のすべての債務・責任を引き受けなければならず、自らの資産をそれらの責任に従わせることになる。もっとも、三角・逆三角合併の場合には、親会社である買収企業の責任は子会社の利用によって限定することが可能である。②対象企業による売主としての保証は、合併後は通常残存しない。もっとも、対象企業が閉鎖会社であれば、その株主の保証を得ることは可能である。③対象会社の株主総会において過半数以上の特別決議が通常必要である。買収企業の株主総会の承認は、直接合併については通常必要であるが、三角・逆三角合併の場合は一般的に要求されない。④対象企業の株主には、反対株主の株式買取請求権が与えられる。

(b) 直接合併

買収対象企業が買収企業に合併させられ、対象企業の株主は買収企業

の株式を受け取る。アメリカの州の会社法は、アメリカの買収対象企業が外国の買収企業に直接買収されることを一般的に認めていないので、次に述べる買収企業のアメリカ子会社との合併という形態がほとんどの場合にとられる。

三角合併　買収対象企業が買収企業の新しく設立した子会社に合併させられ、対象企業の株主は買収企業の株式を受け取る。その結果、対象企業の事業は買収企業の完全子会社により運営されることになる。対象企業は、その資産のほとんどすべてを買収企業に譲渡しなければならない。対象企業はその姿を消すことになり、対象企業が活動していた市場に好ましくない影響が生じる、あるいは対象企業が譲渡不能な資産を有しているというマイナス面が顕在化するおそれもある。

逆三角合併　買収企業の新しく設立した子会社が買収対象企業に合併させられ、対象企業の株主は買収企業の株式を受け取り、親会社である買収企業が対象企業のすべての株式を受け取る。その結果、対象企業は買収企業の完全子会社となる。対象企業の会社としての同一性および事業活動に必要な許認可の権利等はそのまま存続する。

(c) 現 金 合 併

対象企業の株主が現金を受け取る点を除いては、前述「法による合併」における直接合併、三角合併または逆三角合併の 3 つの形態がそのまま現金合併に該当する。現金合併は、対象企業の株主が現金を受け取ることにより租税負担のある取引となる。これ以外の利点と不利な点は前述「法による合併」と同じである。現金合併は、アメリカにおいて上場会社を非上場会社とする、あるいは少数株主を締め出すために、合併と連動させて一般株主の株式を買い取る方法である。対象企業の株主は、その株式と引き換えに買収企業から一定額の現金を受け取る権利をもつにすぎない。逆三角型の現金合併を例にとれば、その手順は次のとおりである。買収企業である日本企業がアメリカに持株会社を設立し、

さらに現金合併を行うためにこの持株会社が 100％出資の子会社を設立する。日本企業は、子会社を通じて買収対象企業であるアメリカ企業に対して逆三角型の現金合併のオファー（1株当りの買収価格を含む）を提案する。アメリカ企業は当該オファーを検討、日本企業と交渉し、合意に達すれば、取締役会で現金合併（買取価格および合併契約書を含む）の承認を決議する。アメリカ企業の株主総会において当該現金合併の承認が決議されると、日本企業の子会社はアメリカ企業に合併させられ、日本企業は、現金と引換えにアメリカ企業の株式を取得してアメリカ企業は日本企業の子会社となる。

(3) 株 式 買 収

株式買収は、買主である買収企業と対象企業の株主との間の契約によるものであり、対象企業の経営陣の合意は要しない。すなわち、敵対的買収であっても株式買収は可能である。しかし、株式買収には個々の株主の合意が必要であり、関連する証券法の規制に従わなければならない。また、反対株主の株式を買い取るために、あるいは少数株主を除去するために第2段の手段が必要である。対象企業の資産とすべての責任はそのまま対象企業にとどまり、資産買収とは異なって新しい株主がその責任を原則として承継することになる。

(a) 株式による株式買収（株式交換）

対象企業の株式（少なくとも 80％以上）が、買収企業の発行する議決権のある株式と引き換えに買収企業によって取得される。このような株式買収は次のような利点をもっている。①売主である対象企業の株主にとって、買収企業の議決権のある株式の発行により租税負担のない取引となる。②対象企業の会社としての同一性は、事業活動に必要な許認可等とともに維持される。③対象企業の契約上の権利は、当該企業に対する支配の変化について特別の合意を要求されない限り、損なわれない。④対象企業が閉鎖会社の場合には株主の数が限定されており、比較的簡単な取引が可能である。⑤買収企業の株式が市場において高値に評価さ

れている場合には、この高値を買収に利用することができる。これに対して不利な点は、次のように考えられる。①全部の株式の買収に至らず、少数株主の問題を将来に残すことになる。②買収企業は議決権のある株式を発行しなければならない。

(b) 現金による株式買収

売主である対象企業の株主にとっては、その株式の売却の対価として現金を受け取るので租税負担のある取引となる。これ以外の利点と不利な点は「株式による株式買収」と同じである。現金による株式買収は、交渉による株式買収と現金公開買付に大きく分けることができる。現金公開買付は、買収企業が株式市場で対象企業の株式を買い付けるものであるが、対象企業の経営陣の協力が得られるか否かにより、友好的公開買付と敵対的公開買付に分かれる。一方、敵対的公開買付においては、対象企業の経営陣が公開買付に応じないよう株主に働きかけ、時には妨害訴訟を提起する、あるいは競争する公開買付者を呼び込むこともある。現金公開買付の利点として、買収企業は、①最も短時間でかつ最も簡潔に買収を完了することが可能な買収形態であり、②非友好ベースではいきなり公開買付を仕掛けることもできる。その不利な点は、前述の対象企業の株主の租税負担に加えて、次のように考えられる。①買収金額の予想が困難である。特に非友好ベースでは株式市況に左右されて当初の予定額を大幅に超過するおそれがある。②非友好ベースにおいては、買収企業は当然のことながらデューディリジェンスを行うことはなく、事業買収契約書もないので、対象企業からなんらの表明保証もとることはできない。

(4) 資 産 買 収

買主にとって資産買収の主たる利点は、株式買収と異なり、買主が売主の責任を引き受ける限度を交渉することができることである。とりわけ売主が重大な偶発債務や潜在的な責任を負っている場合には、買主はそのような責任を売主に残し、過去の汚点を残さない事業を買収するこ

とが可能である。また、買収企業の株主総会の承認は一般的には要求されない。しかし、資産買収には、若干複雑な譲渡契約書を要する、アメリカにおいて州レベルの販売税が課される、あるいは時間がかかっている間に競争者が現れるおそれを生じるという不利な点があることを考慮しなければならない。

(a) 株式による資産買収

対象企業のほとんどすべての資産が、買収企業の発行する議決権のある株式と引き換えに取得される。このような資産買収は、次のような利点をもっている。①売主である対象企業にとって、買収企業の議決権のある株式の発行による租税負担のない取引となる。②事業全部の買収が可能であり、少数株主の問題はなく、反対株主の問題も一般的には生じない。これに対して不利な点は、次のように考えられる。①対象企業の会社としての同一性は、実質的な資産の譲渡が会社の解散に至る結果として維持されない。②資産譲渡に伴う契約上の権利の譲渡に対して一般的に相手方当事者の同意が必要であり、対象企業の義務の期限前履行や債務の前払いが要求される。

(b) 現金による資産買収

現金払いによる資産買収では、買収企業はとりわけ買収の対象とする資産を選別し、引き受ける債務・責任も選別することができる。もっとも、売主である対象企業にとっては、その資産売却の対価として現金を受け取ることから租税負担のある取引となる。これ以外の利点と不利な点は、前述の「株式による資産買収」の場合と同じである。

◆国際買収の目的の事例◆

事例 40 世界トップを目指した友好的買収による子会社化

　貨幣処理機大手のグローリーは、2012 年 2 月、英同業大手タラリス・トプコの全発行済株式の買収について、タラリスの主要株主である米カーライル系のファンドや経営陣と合意した（買収総額は負債も含め約 800 億

円）。タラリスは金融機関の窓口用入出金機で世界シェアの約4割を占め、欧米を中心に22か国で強固なサービス部門をもっている。グローリーは、タラリスの欧米での販売・サービス網を活用し、自社ブランドの金融機関向け出納システムの拡販を図り、当面両社のブランドは併用するが、将来は製品の共同開発にも乗り出す。

本件は、同業の大手を買収して、グローリーが一気に圧倒的な世界シェア約6割を握る事業戦略であり、競合企業の買収による世界戦略である。

事例41 住生活産業におけるグローバルリーダーを目指す買収戦略

LIXILは、2013年9月、日本政策投資銀行との間で株主間協定を締結し、各々が50％の議決権を有する特別目的会社（SPC）が普通株式と議決権のない優先株式で約1,000億円、日本政策投資銀行が約500億円、国内の大手銀行などが議決権のない優先株式で約490億円の出資を投じて、住設機器大手の独グローエグループ（GROHE Group）の発行済株式87.5％を取得することに合意した。買収総額はグローエから引き継ぐ負債2,000億円を含め約4,000億円である。欧州の住宅機器市場は北米を上回り世界最大であり、新築よりも中古中心の住宅流通である欧米ではリニューアルに伴う住宅機器需要が底堅く、LIXILにとって海外事業拡大には欧州市場を押さえる必要があった。

本件は、2011年イタリアの建材大手ペルマスティリーザの買収（約600億円）、米衛生陶器大手アメリカンスタンダードの買収（約531億円）につぐ大型買収で、LIXILが住生活産業におけるリーディングカンパニーを目指すグローバル戦略の一環である。

事例42 世界シェアをさらに上げて成長市場で圧倒的な競争力を確保する買収

東レは、2013年9月、米の炭素繊維大手メーカー（世界3位）ゾルテックとの間で、その全株式を1株当たり16.75ドル（買収金額約600〜700億円）で買収することで合意した。東レはまず米国で特定目的会社（SPC）を設立、SPCを通じてゾルテックの全株式を取得する。東レはこれまで、高機能・高品質のレギュラートウ炭素繊維に経営資源を集中して航空機や天然ガス圧力容器などの先端分野で強みを発揮してきたが、近年急速に需

要が拡大している風力発電関連用途や自動車構造体用途向けの安価なラージトウ炭素繊維の品揃えがないことから、ラージトウ炭素繊維メーカーのゾルテックを買収して、より汎用性の高い産業分野の成長を取り込む。

本件は、炭素繊維複合材事業を戦略的拡大事業と位置づけて、東レが従来の弱みを一気に競合企業の買収により強化する世界戦略である。

事例 43　グループの事業を地理的、事業的に分散することを目的とする買収

東京海上ホールディングスは、2015 年 5 月、米保険グループの HCC インスアランス・ホールディングスを買収する手続を始めることで HCC 側と合意したと発表した。買収金額は約 9,400 億円で、株式を 100 ％取得し子会社化する。東京海上は、買収に伴って HCC の取締役の過半数を握るが、既存の執行部はそのまま維持する。HCC は、米デラウェア州に本社を置く保険グループであり、医療、傷害保険や会社役員賠償責任保険、農業保険など 100 種類以上の保険を手がけている。

本件は、HCC が高収益企業であることに加えて、専門性の高い多くの事業体をもっており、東京海上は、買収によってグループの事業を地理的、事業的に分散することが可能であり、収益をさらに安定化することを目指す買収戦略である。

事例 44　海外の事業活動をアジアから欧州へと拡大するための買収

三井住友海上火災保険は、2015 年 9 月、英損害保険大手のアムリンを約 6,420 億円で買収すると発表した。三井住友海上は、アムリンの全株式を買い取って完全子会社にする。アムリンは、海上保険に強く、世界最大の保険取引市場であるロイズでは参加する 94 団体のうち第 2 位の引き受け実績をもつ。巨額の保険金支払いに備えて保険会社がかける再保険事業をスイスや英領バミューダで手がけ、ベルギーやオランダでは中堅企業との取引が多い。三井住友海上は、欧州で強い事業基盤をもつアムリンのブランドや商品力を活かし、海外事業を強化する。

本件は、アジアに強い三井住友海上が、欧州に強いアムリンを買収することによって、両社の統合による相乗効果の向上を目指す買収戦略である。

事例 45　IoT 市場の長期的な成長を視野に入れた買収

　ソフトバンクグループによる半導体デザイン企業の英アームの買収が、2016 年 7 月発表された。買収金額は約 3 兆 3,000 億円である。アームは、ソフトバンクの 100 ％子会社になる。アームは、クアルコム、アップル、サムサング　エレクトロニクス、メディアテックといった半導体メーカーに対して、CPU の ISA（命令セットアーキテクチャ）や、CPU や GPU のデザインを知的財産として提供する企業であり、アーム自身はハードウェアを作っておらず、あくまで知的財産を開発し、それを顧客となる半導体メーカーに提供し、そこからライセンス料を得ている。アームの収益性は悪くなく、非常に健全な経営が行われている企業であり、売上は伸びている。アームは、モバイル市場を事実上独占しており、唯一のライバルとなっていた Intel はモバイル市場からの撤退を余儀なくされた。IoT（Internet of Things）市場においても、アームは大きな成功を収めつつある。

　本件は、長期的に IoT 市場の成長を視野に入れたソフトバンクの買収政略である。

　なお、2020 年 9 月、ソフトバンクは米エヌビディアにアームを約 4 兆 2,000 億円で売却すると発表した。その後、米国の規制当局である米連邦取引委員会（FTC）は 2021 年 12 月、反トラスト法に基づく買収差し止めを求めてエヌビディアを提訴した。また、EU の欧州委員会も 2021 年 10 月、競争法に基づく本格調査を始めたと発表した。2022 年 2 月、「これ以上承認を得る努力をしても認められない」として、ソフトバンクはエヌビディアとの買収契約解消に合意したと発表した。

事例 46　5G 分野の成長を視野に入れた買収

　ルネッサンスエレクトロニクスは、2021 年 2 月、英ダイアログ・セミコンダクターの全株式を取得し、完全子会社にすることで合意したと発表した。買収金額は、アドバイザリー費用などを含めて 6,179 億円である。ダイアログは、ロンドン郊外に本社を置き、独フランクフルト証券取引所に上場しており、電源制御 IC の技術に強く、アップルの電源 IC などに使われている。ルネッサンスは、主力の自動車向けの他に、成長が見込める 5G の分野を新たに成長の柱にするため大型買収に踏み切る。

　本件は、ルネサンスが強みとする機器を制御するマイコンと、ダイアログの電源制御 IC を組み合わせて、5G 基地局向けの技術やワイヤレス給電

などの開発を目指す買収戦略である。

事例 47　IoT 基盤のグローバル展開を加速するための買収

　日立製作所は、2021 年 3 月、米 IT（情報通信）大手のグルーバルロジックを約 1 兆 368 億円で買収すると発表した。3 月 31 日に買収契約を締結、2021 年 7 月末までに買収を完了する。現金対価による逆三角合併方式により日立グローバルホールディングズの完全子会社とする。グローバルロジックは、米シリコンバレーに本社をもち、デジタルトランスフォーメーション（DX）を支援するシステムを提供している。米通信大手の T モバイルやスウェーデンの商用車大手ボルボなど欧米の大手企業を中心に世界400 社超の顧客を抱えている。

　本件は、日立製作所が、産業向け機器から家電まで手がける製造業の強みを生かしつつ、データを駆使したデジタル企業への転換を目指す買収戦略である。

事例 48　センサーなどにソフトを組み合わせた事業改善案を企業に提供しハード事業の幅を拡げるための買収

　パナソニックは、2021 年 4 月、製造・流通向けソフトウェアを手がける米ブルーヨンダーを買収（有利子負債を含み総額約 7,700 億円）すると正式発表した。ブルーヨンダーは、製品の需要や納期を予測するソフトを手がけ、顧客企業のサプライチェーンを見直して収益改善につなげる事業を展開している。顧客は英ユニリーバや米スターバックス、ウォルマートなど世界約 3,300 社にのぼる。ブルーヨンダーは、ソフトウェアを顧客に提供し、繰り返し利用料金を取る継続課金の事業モデルを採用している。パナソニックは、2020 年に約 860 億円でブルーヨンダーの株式 20 ％を取得した。取締役の派遣や日本での共同事業を通じ、買収による相乗効果などを見極めてきた。年内に実質的な株主である米ファンドのニューマウンテンキャピタルやブラックストーンから全株式を取得し、完全子会社とする。

　本件は、パナソニックが、ソフトとの融合を通じたハード製品の付加価値向上を目指す買収戦略である。ソフトウェアの知見を取り込み、企業のデジタルフォーメーション（DX）支援を収益源の 1 つに育てる。パナソニックは、店頭に設置する監視カメラや物流施設で使われるバーコード読

み取り用の携帯端末で高いシェアをもつ。これらの製品にブルーヨンダーのソフトを組み合わせることで、高い精度をもった在庫管理サービスなどとして提案しやすくなる。パナソニックは、この買収により継続課金モデルのノウハウも得る計画である。

事例 49　鉄道分野で顧客向けの移動をサービスとして提供する「MaaS（モビリティ・アズ・ア・サービス）」の流域で、中国や欧州の世界鉄道大手に対して先手を打つ買収

　日立製作所は、2021 年 8 月、仏電子機器大手タレスから鉄道信号事業を買収すると発表した。買収金額は約 2,150 億円である。鉄道システム子会社の日立レールが 2023 年 3 月期後半までに買収する。日立が狙うのはMaaS などの移動サービス分野への進出である。タレスの鉄道信号事業は運行管理や人流解析、料金収受システムに強みをもち、売上高の約 5 割がデジタル関連事業であり、このノウハウを日立の鉄道事業と組み合わせる。具体例は、タレスの料金収受システムを活用した旅客向けサービスであり、利用者の場所や時間などから、鉄道やバス、タクシーを組み合わせた最適なルートや料金を提案し、乗車券などを購入せずに自動で精算できるシステムなどである。タレスがもつ人流解析技術を街づくりに活用するなど、MaaS を通じてインフラやエネルギーなど日立のほかの事業との相乗効果を出す考えもある。日立は、2021 年 3 月に買収を発表したグローバルロジックとタレスの技術で鉄道事業のデジタル化を加速する。

　本件は、旅客向けの MaaS は実証実験段階のサービスも多く、日立は新規市場の開拓で先行して優位に立つことを目指す買収戦略である。

事例 50　人口 13 億人の巨大市場でオンライン配信の拡大を先導し、米ウォルト・ディズニー系などに対抗する買収

　ソニーグループは、2021 年 9 月、インドで映像制作・配信事業を手がける子会社ソニー・ピクチャーズ・ネットワーク・インディア（SPNI）が現地の放送大手ジー・エンターテインメント・エンタープライゼズと経営統合すると発表した。統合会社は、放送事業でインド最大手となる見通しで、ソニーが株式の過半数を握る。投資額は 1,500 億円前後である。ソニーは、SPNI が約 1,700 億円の手元資金をもつよう資金を追加拠出した上で、

株式交換などで統合会社の最大株式の過半数を取得する。ジー社は 49 の
チャンネルを運営し、2021 年 1 〜 3 月期の市場シェアは 18.9 ％、ディズ
ニー系列（市場シェア 24.6 ％）を追う業界 2 番手であり、現在 26 のチャ
ンネルを運営する SPNI と統合することで、合算シェアは 28.8 ％と最大手
になる。

　本件は、経営統合により番組制作やコンテンツ IP（知的財産）メディア
としての競争力を高める戦略である

事例 51　国内の石油元売り大手による再生エネ新興企業の買収

　ENEOS ホールディングスは、2021 年 10 月、再生可能エネルギー新興
企業のジャパン・リニューアブル・エナジー（JRE）を買収する方針を固
めたと発表した。買収額は 2,000 億円程度の見通しである。JRE の株主で
ある米ゴールドマン・サックスとシンガポール政府投資公社から全株式を
取得する。JRE は 2012 年創業の新興エネルギー企業であり、日本や台湾
で計 60 の太陽光や風力、バイオマス発電所を手がける。開発中の発電所
を含めた合計出力は約 88 万 kw と、原子力発電所 1 基分に相当する。

　本件は、世界ではエネルギー大手による太陽光発電や風力など再生エネ
投資が拡大しており、脱炭素時代を見据え、石油依存からの構造転換を加
速する環境下において、エネルギー大手は再生エネ分野に活路を求めてお
り、ENEOS も大型投資に踏み切るものである。

事例 52　欧州での事業基盤を拡充するための買収

　日本ペイントホールディングスは、2021 年 10 月、建築用塗料大手の仏
クロモロジーホールディングを買収すると発表した。約 1,500 億円を投じ
て同社の株式すべてを 2022 年上期中に取得する。クロモロジーは 2006 年
に発足し、建築用では欧州 4 位で、フランスやイタリア、スペイン、ポル
トガルではいずれも上位 3 位に入っている。日本ペイントは、建築向けが
主力で、売上高全体の 56 ％を占める。地域別では中国を含むアジアやオ
セアニアが中心で、中国で DIY 向けシェアは 33 ％と首位である。中国で
はこれ以上のシェア拡大は簡単ではなく、日本市場も低迷するなかで最近
は他の地域での M&A を重ねていた。

　本件は、日本ペイントが M&A を続けるのは建築向け塗料特有の事情が

あり、海外ではブランド別に顧客がついていることが多いため、新規開拓
は容易ではなく、そのため買収などで商圏を拡げるのが事業成長の近道と
なることから、今回も欧州での顧客網をもつクロモロジーを子会社化し、
現地での事業強化を急ぐ戦略である。

事例 53　安定収益が見込める産業分野へのシフトを加速するための買収

　横浜ゴムは、2022 年、3 月、農機用タイヤなどを手がけるスウェーデン
のトレルボルグ・ホイール・システムズ（TWS）を買収すると発表した。
買収額は約 2,700 億円と、横浜ゴムにとっては過去最大となる。TWS の親
会社で、シーリング材などを扱うトレルボルグから全株を取得する。2022
年 7 ～ 12 月中の買収完了を予定している。横浜ゴムは、2016 年にオラン
ダの農機タイヤメーカー、アライアンス・タイヤ・グループ（ATG）を約
1,300 億円で買収した。今回は ATG 以来の大型買収である。この買収によ
り農機用のラインアップが増え、コスト競争力が強化できると期待してい
る。農機用は乗用車用に比べて、景気変動の影響を受けにくい。ATG は北
米やアジアに強く、TWS は欧州が中心のため補完関係にある。今回の買収
で横浜ゴムの農機タイヤ事業は世界有数の事業規模となる。

　本件は、横浜ゴムにとって、乗用車用だけでは生き残りが難しいため
に、農機用というニッチだが需要は底堅い市場で存在感を高める狙いの買
収である。

事例 54　米の再保険仲介会社の買収による米市場の開拓

　三井住友海上火災保険は、2022 年 8 月、米国の再保険仲介会社トランス
バース・インシュアランス・グループを買収すると発表した。買収額は約
4 億ドル（約 540 億円）の見通しである。トランスバースを保有する投資
ファンドから買収し、2022 年中に完全子会社化する。世界でサイバー犯罪
などが増え、保険のリスクを別の保険会社に引き受けてもらう再保険の重
要性が増している。米国で伸びる再保険の仲介事業のノウハウを生かせ
ば、日本でもサイバー犯罪向け保険などが一段と広がる可能性がある。

　トランスバースは 2018 年設立でニュージャージー州に本社を置き、全
米で再保険の仲介を手がける。買収後の収益に応じ、三井住友海上火災保
険が追加で 1 億 5,000 万ドル前後を支払う契約も盛り込むようである。ト

ランスバースは米国の保険代理店が販売した保険について、再保険を引き
受ける別の保険会社を集め、それぞれどの程度リスクを引き受けるのかを
取りまとめる。保険料の5％前後を仲介料として受け取る事業で、米国で
は数年前から伸びている。欧州など他の地域でも今後、需要が増える可能
性がある。

　米国では災害やテロ、サイバー犯罪のリスク拡大を受け、運輸や医療な
ど特定分野に強い保険代理店が販売するケースが増えている。三井住友海
上火災保険はこれまでアジアで事業を広げてきたが、今後は損保で世界最
大の市場である米国の開拓に活路を見いだす。

　本件は、三井住友海上火災保険にとって、米国の再保険仲介会社を買収
してそのノウハウを活かすことにより、サイバー犯罪などの増大により再
保険仲介業の需要が拡大している米国市場に進出するための戦略的買収で
ある。

事例 55　金属 3D プリンター事業を強化するための買収

　ニコンは、2022年9月、独3Dプリンター大手SLMソリューションズ・
グループを買収すると発表した。買収額は6億2,200万ユーロ（約840億
円）である。ニコンは半導体露光装置事業で培った技術を応用した新規事
業として、金属3Dプリンター事業を強化している。3Dプリンターで世界
的に著名なSLMとの共同開発などを通じて、成長が見込める電気自動車
（EV）などの需要を取り込む。同日、SLMと投資契約を結んだ。SLMは
1969年の創業で独リューベックに本社を置く金属3Dプリンター大手であ
り、従業員は500人以上である。まずSLMの株式数の約10％にあたる
4,500万ユーロの増資を引き受け、その後株式と新株予約権付社債（転換
社債）を公開買付けをする。買収費用は手元資金で対応する予定である。

　金属3Dプリンターは設計データから自由度の高い立体物を作る装置で
ある。複数の部品を一体化して作ることができるため、強度を高めながら
軽量化できるメリットがある。宇宙航空分野に加え、EVの航続距離や燃
費の向上を目指す自動車業界など幅広い分野での活用が期待されている。
SLMは複数のレーザーで金属を溶かして造形する方式で、大型部品を高速
で造形する技術に強みがあり、宇宙航空や自動車業界などに大手顧客をも
つ。ニコンによると、3D金属プリンターの世界シェアは1割程度で、独
EOS、米ゼネラル・エレクトリック（GE）に次ぐ3位という。ニコンは半

導体露光装置で培った高精度の計測技術や微細加工技術を応用し、「光加工機」と呼ぶ 3D プリンターを手がける。金属製の粉を吹き付けて自由に成形する方式をとっており、SLM のもつ技術との掛け合わせで競争力の強化を狙う。

本件は、ニコンにとって、製造業のデジタル化やカーボンニュートラルなどで有望市場の金属 3D プリンターで世界的リーダーを目指す買収戦略である。

事例 56　デジタル融資を強化するための買収

三菱 UFJ フィナンシャル・グループは、2022 年 11 月、フィリッピンとインドネシアでノンバンクを買収すると発表した。2023 年中にオランダの消費者金融会社から約 6 億ユーロ（約 870 億円）で両国の現地法人を買収する。三菱 UFJ の傘下にあるタイ・アユタヤ銀行を通じ、オランダに本社がある消費者金融ホームクレジットのフィリッピンとインドネシアの現地法人を買収する。三菱 UFJ が東南アジアの中核と位置づけるアユタヤ銀行がフィリッピンは発行済みの全株式、インドネシアでは 85 ％の株式を買い取り、各 75 ％の議決権を握り、取締役などを送る。

ホームクレジットは利用客がスマートフォンのアプリに職業や年収を入力すると数十秒で融資の可否や条件を判断し、その場で家電などの購入資金を貸し出す「POS（販売時点）ローン」で高いシェアをもつ。アプリのダウンロード数はフィリッピンとインドネシアで 2,000 万程度にのぼる。

従来は邦銀の資本参加が通例だったが、今回は傘下のアユタヤ銀行が買収と事業展開の双方を手がける。邦銀の M&A（合併・買収）戦略が新たな局面の移ったことを象徴している。

本件は、三菱 UFJ フィナンシャル・グループにとって、膨大なデータを駆使して、素早く資金を貸し出す「デジタル融資」の強みを活かして消費者ローンの成長を取り込み、東南アジアの事業基盤を固めるための買収である。

事例 57　皮膚病などの新薬候補を獲得するための買収

武田薬品工業は、2022 年 12 月、米スタートアップを 40 億ドル（約 5,500 億円）で買収すると発表した。米バイオ企業ニンバス・セラピュー

ティスの子会社で、皮膚病などの免疫疾患に効果のある治療薬候補の権利を保有している。新薬開発に成功した場合、武田は売上高に応じた対価をニンバス社に支払う。

買収するのはニンバス社の子会社ニンバス・ラクシュミ（米マサチューセッツ州）である。同社はニンバス社が開発中の「NDI-034858」という経口薬の特許などの知的財産を保有している。NDI-034858 は、皮膚病や炎症性の腸疾患など複数の免疫疾患に対する有効性が期待される新薬候補であり、第 2 段階の臨床試験（治験）では有望な結果が出たと報告されている。治験の詳細なデータは 2023 年はじめに公表される見通しだが、武田は同新薬候補が将来的に大型製品となると判断したとみられる。

ニンバス社は 2010 年設立のスタートアップで最先端の計算機技術と機械学習技術を使い、画期的な低分子医薬品を複数開発している。

事例 58　事業リスクを分散するための買収

東京電力ホールディングスと中部電力が折半出資する JERA は、2023 年 3 月、ベルギーの洋上風力発電大手パークウィンド（ルーバン市）を 15.5 億ユーロ（2,500 億円）で完全子会社化すると発表した。日本企業による再生可能エネルギー会社買収としては過去最大規模となる。これまで JERA は洋上風力開発に当たって日本に近い適地である台湾中心の戦略を組み立てていたが、市場が先行する欧州に手を広げて電源を分散する。

JERA が英子会社を通じて、パークウィンド親会社のビリヤエナジーから株式の 100 ％を取得する。年内に完了する予定である。資金は借り入れや社債発行でまかなう。今回の買収で JERA の再生エネの発電容量は権益の持ち分に応じた容量ベースで 280 万キロワットと従来比 60 万キロワットに増える。

パークウィンドは洋上風力の開発から運転まで 10 年以上かかわってきた実績と水素製造の知見をもっている。ベルギーとドイツで風車を固定するタイプの洋上風力を手がける。現在の容量に加えてさらに 20 年代後半にかけて、欧州などで約 450 万キロワットの洋上風力プロジェクトの開発を予定している。

これまで JERA の洋上風力は出力ベースで全体の 9 割の電源が台湾に立地し、リスク分散が課題だった。同社は台湾で進めていた洋上風力事業「フォルモス 3」（最大出力 200 万キロワット）の権益を仏エネルギー大手

のトタルエナジーズなどに売却する手続を進めていることも明らかにした。現状約 44 ％の権益を保有しているが、2022 年末までに台湾当局にプロジェクトから手を引く意向を通知しており、トタルなどに出資分を全て売却する。今後は欧州を中心に M&A（合併・買収）も活用して洋上風力事業の拡大を進める。再生エネ開発にかかわる人材も台湾から一部を台湾から欧州へ移すことも検討する。

事例 59　代替投資を強化するための買収

　三菱 UFJ 信託銀行は、2023 年 3 月、英国の資産運用会社アルボア・キャピタルを買収すると発表した。傘下にあるオーストラリアの運用会社を通じ、今年夏ごろ傘下に収める。投資家は金融市場の動揺が続くなかで運用の分散を重視している。三菱 UFJ 信託銀行は買収で手薄だった非伝統的なオールタナティブ（代替）領域を拡大する。

　アルバコアは 2010 年設立で、運用資産は 95 億ドル（約 1.2 兆円）である。三菱 UFJ 信託銀行が 2019 年 8 月に連結子会社とした豪ファースト・センティア・インベスターズ（FSI）を通じて買収する。FSI が株式の 75 ％を買い取り、アルバコアの経営陣が保有する残り 25 ％を買い取る権利も取得する。買収額は最大で 1,000 億円程度とみられる。FSI 増資に三菱 UFJ 信託銀行が応じ、買収に必要な資金をまかなう。三菱 UFJ フィナンシャル・グループ（MUFG）の資産運用は三菱 UFJ 信託銀行を中心に担っており、昨年末時点の運用残高は約 92 兆円にのぼる。

　アルバコアが強みとするのはプライベートデットと呼ぶ領域である。2008 年のリーマン・ショックを機に強まった資本規制で銀行が貸し出しの選別を強めた結果、欧米ではファンドが隙間を埋めるように企業への融資を増やしてきた。低金利下でも高い利回りを見込めるため、年金基金や保険会社の引き合いが強い。足下では急ピッチの金利上昇で景気後退の懸念がくすぶり、銀行が融資に慎重な姿勢を強める可能性がある。ファンドによる資金調達を検討する企業は少なくなく、今後も年平均 10 ％以上の市場拡大が見込まれる。

事例 60　投資ファンドによる浄水器のタカギを買収

　投資ファンドの日本産業推進機構（NSSK、東京・港）は、2023 年 4

月、家庭用浄水器などを手がけるタカギ（北九州市）を買収すると発表した。創業家の事業承継に伴うもので、買収額は1,000億円弱とみられる。買収後はブランド力を生かした販促の支援や設備投資を通じて成長戦略に取り組む。事業承継を投資ファンドが支援する手法が地方にも広がってきた。

創業家から過半数の株式を取得する。1961年創業のタカギは浄水器や散水、金型事業を手がける。蛇口一体型の浄水器を開発し、新築マンションでの採用率が高い。ガーデニングなどの散水用品も高シェアで、ベトナムやオーストラリアにも拠点を構える。2022年3月期の売上高は306億円である。買収後も経営陣は続投する。NSSKの国内外のネットワークを生かして販促を強化する。新工場建設やシステム改修などの設備投資も支援し、企業価値の向上につなげる。

中小企業者の高齢化に伴い、事業承継を投資ファンドが後押しする案件は増えている。オリックスは健康食品大手のディーエイチシー（DHC、東京・港）を事業承継で買収した。後継者難企業の増加は融資している地方の金融機関にとっても課題となっており、NSSKはタカギ買収の資金を地銀などの地元金融機関が中心となったローンで調達した。

事例 61　スマホ向けゲームの開発ノウハウを取得するための買収

セガミーホールディングスは、2023年4月、モバイルゲーム「アングリーバード」を手がけるフィンランドのロビオ・エンターテインメントを買収すると発表した。英国子会社のセガミーヨーロッパを通じて買収する。ロビオはナスダック・ヘルシンキ証券取引所に上場している。フィンランド当局の承認を得た後に5月にも1株9.25ユーロでTOB（公開買い付け）をする。ロビオの複数株主から合計約49・1％分に関してTOBに応募することについて同意を得ている。9.25ユーロは4月14日のロビオ株の終値（7.78ユーロ）を19％上回る。セガミーは2022年12月末時点で現預金が1,500億円弱あり、買収資金は手元資金で賄う。

ロビオは2003年設立で、2009年にモバイルゲーム「アングリーバード」の提供をiphone向けに始めた。個性豊かな鳥のキャラクターが豚に盗まれた卵を奪い返すゲームで、子どもにも分かりやすい簡単な操作性もあって欧米を中心に人気を集めた。セガミーホールディングスは2021年5月に発表した中期計画で、既存知的財産のグローバルブランド化進める方針を

掲げている。

　ロビオはアングリーバードなど世界規模の知的財産を使い、玩具やアニメ、映画など複数の媒体でコンテンツを展開している。アングリーバードも 2016 年に 3D アニメを公開している。セガミーはロビオの買収で、アングリーバードなど知的財産を強化する。それぞれが保有する世界的なキャラクターについて、多面的なメディア展開を進め、相互のファンベースの拡大を加速させる。またロビオがもつモバイルゲームの運営ノウハウを活用してグローバル市場における成長を加速することを目指す。

事例 62　アジア販路を拡大するための買収

　キリンホールディングス（HD）は、2023 年 4 月、オーストラリアの健康食品メーカーのブラックモアズを約 1,700 億円で買収すると発表した。ブラックモアズの販路を生かし、免疫機能を維持するキリンの独自素材「プラズマ乳酸菌」の販売を東南アジアを中心に延ばす計画である。ビール市場が縮小するなか、健康分野に成長の軸足を移す。ブラックモアズのアジア・太平洋での販路を使い、5 年以内に 10 億人の顧客へアクセスできる。

　ブラックモアズはサプリメントなど健康食品の豪州最大手である。同社の株主総会での承認などの手続を経て、8 月に全株式を取得する予定である。2022 年 6 月期の連結売上収益は 6 億 5,000 万豪ドル（約 580 億円）である。半分弱がオセアニア、東南アジアが 3 割、残りが中国である。なかでも東南アジアの健康食品市場は 2 桁成長が続く見通しである。市場開拓の要の 1 つがプラズマ乳酸菌である。キリン HD は海外での販売を考えてきたが、各国の法制度などの壁があり難しかった。ブラックモアズは薬剤師などを抱え、こうした分野に詳しい。同社のサプリメントなどにプラズマ乳酸菌の導入を検討する。タイやマレーシア、インドネシアではサプリメントを摂取する目的に、「免疫・抵抗力」を挙げる人が多いといわれる。

事例 63　眼科領域で大型の新薬候補を獲得するための買収

　アステラス製薬は、2023 年 5 月、米バイオ医薬品企業のアイベリック・バイオを約 50 億ドル（約 5,000 億円）で買収すると発表した。同社の買収では過去最高額となり、眼科領域で大型の新薬候補を獲得する。

　買収する米アイベリック・バイオは、2007 年設立のバイオスタートアッ

プで、眼科領域に特化している。老化などによって視力低下や失明を引き起こす難病「加齢黄斑変性」に対する拡散医薬品「ACP」を開発中である。すでに米食品医薬品局（FDA）に薬事承認を申請している。ACP は FDA から優先審査に指定されており、8 月 19 日の審査終了を目標としている。承認が下り誌第、早期の販売開始を見込んでいる。アステラスは ACP が年間売上高 10 億ドルを超える大型薬「ブロックバスター」になると期待している。（主力の前立腺がん薬の）イクスタジンの独占期間満了による売り上げ減少を補う収益の柱に位置づける。イクスタジンの 2023 年 3 月期の売上高は約 6,600 億円、連結売上高の 4 割強を占めるが、2027 年ごろから特許切れを迎える。特許が切れるとすぐに後発薬が登場し、収益が激減する。この減少分を補うため、実用化間近の医薬品を巨額資金で買収することに決めたとみられる。アイベリック・バイオの買収額は 3 月 31 日の株価終値に 6 割上乗せした金額となる。

事例 64　半導体関連事業を強化するための買収

　富士フイルムホールディングスは、2023 年 5 月 10 日、半導体材料の米インテグリスから半導体製造時の洗浄などに使う化学薬品事業を買収すると発表した。買収額は 7 億ドル（約 950 億円）である。半導体製造工程の複雑化に伴って化学薬品の需要が増えており、関連企業の買収で半導体材料事業を強化する。

　インテルレス傘下の米テキサス州の「CMC マテリアルズ　KMG コーポレーション」を買収する。同日に株式買収契約を結んだ。2023 年内に全株式を取得する見込みである、KMG 社は 1992 年設立であり、半導体製造時の洗浄や乾燥工程などで、異物や油脂を取り除くのに使う化学薬品を手がける。

　富士フイルムは 2027 年 3 月期に半導体材料事業の売上高を 2022 年 3 月期比で約 7 割増の 2,500 億円とする目標を掲げていた。KMG 社の買収や半導体材料事業の好調を受け、目標達成を 2 年前倒しして 2025 年 3 月期とする。

事例 65　オリンパスによる韓国の医療機器の買収

　オリンパスは、2023 年 2 月 24 日、韓国の消化器処置具メーカー、テウ

ンメディカル社を買収すると発表した。買収額は最大で約 3 億 7,000 万ドル（約 483 億円）である。オリンパスはデジタルカメラなど映像事業に続き、祖業の科学事業の売却を決断し、今後は主力の医療機器を強化する戦略を打ち出している。買収を通じて、消化器領域の製品群を充実させる狙いがある。同日付で買収契約を結び、6 月末には株式取得を完了させる予定である。オリンパスは買収完了時に 2 億 5,500 万ドルを支払う。これとは別に製品開発などの進捗に応じて、最大で 1 億 1,450 万ドルのマイルストーン報酬を支払う可能性がある。

テウンメディカルは、胆管や食道向けに使用するメタリックステント（筒状の金属製の網）を開発・製造している。同社の 2021 年 12 月期の売上高は 67 億 9,000 万円で、営業利益は 13 億 4,700 万円、純利益は 12 億 6,500 万円であった。韓国のほか欧州や日本など世界各地に製品を供給している。胆管や食道向けなどの消化器領域を中心に、幅広い商品ラインアップをもつのが特徴である。テウンメディカルの買収により、がんなどの悪性疾患をはじめ患者に幅広い治療を提供できるようになる。オリンパスは、メタリックステントは 10 年後、1,000 億円規模の市場に成長すると予想する。

オリンパスはデジタルカメラなどの映像事業に続き、2023 年 3 月期は工業用顕微鏡などの科学事業を米ベインキャピタルに売却（4,276 億円）することを決定している。2020 年 11 月、人工関節などの整形外科向けの治療器具を手がける仏 FH オーソを買収した（買収額は非開示）。また、2021 年 2 月、必尿器向け治療機器を手がけるイスラエルのメディテイトを買収した（買収額約 272 億円）。事業の選択と集中を進めており、医療分野に経営資源を集中させる方針を鮮明にしている。

事例 66　富士通による独ソフト開発の買収

富士通は、2023 年 2 月 1 日、小売業向けのソフトウェアを開発する独 GK ソフトウェアを買収すると発表した。全株式を取得した場合の買収額は約 3,200 万ユーロ（約 620 億円）となる。富士通はデジタルトランスフォーメーション（DX）に投資を集中する戦略を掲げており、事業基盤が弱い海外市場を開拓する。GK ソフトウェアの創業者が保有する 4 割の株式を買い取った上で。近く TOB（株式公開買付）を実施する。買付価格は 1 株当たり 190 ユーロで、TOB の上乗せ幅（プレミアム）は 2 月末までの

3か月の株価の加重平均の34.7％とする。全体の55％以上の株式を買い集めることを目標として7月までに終了する予定である。

　同社は欧州や米国で小売業向けPOS（販売時点情報管理）システムなどを手がけている。独スポーツ用品大手のアディダスなどにサービスを提供している。フランクフルト証券取引所に上場し、2021年の売上高は1億3,000万ユーロである。富士通は自社の小売業向けサービスをGKソフトウェアのサービスに集約することで、海外の顧客基盤を取り込む。富士通が強みをもつ高性能コンピューターや需要予測などの人工知能（AI）を活用する。購買データを分析して食品廃棄を減らしたり、画像分析AIで顧客が手に取った商品を明らかにして店舗のディスプレーにその顧客にあった広告を表示したりするサービスを共同開発する計画である。

◆国際買収の形態の事例◆

事例67　友好的現金公開買付による株式買収

　富士フィルムホールディングスは、2011年12月、超音波診断装置の米ソノサイトと、米国子会社を通じた株式公開買付によりソノサイトの発行済普通株式総数を総額約995百万ドルで友好的に買収することに合意したと発表した。富士フィルムは買収のため特別目的会社（SPC）を米国デラウェア州に設立、公開買付完了後、SPCはソノサイトに吸収合併（逆三角合併）され、ソノサイトは富士フィルムの連結子会社として事業を継続する。ソノサイトは携帯型装置で世界的に高いシェアを有し、北米や欧州に販売拠点をもつが、今後は富士フィルムがもつ中国や中南米など新興国の拠点も活用できる。ソノサイトが注力する携帯型装置は年率10％超の成長を続けており、ソノサイトの設計技術にX線画像診断分野でトップシェアをもつ富士フィルムの画像技術を組み合わせるなど超音波診断装置の新製品開発の相乗効果が期待できる。

　本件は、富士フィルムが超音波事業をメディカルシステム事業の中であらたな成長の柱と位置づける事業戦略に基づいており、両社の技術の相乗効果を狙った買収戦略である。

事例 68　友好的現金公開買付と合併による買収

　旭化成は、2012 年 3 月、米救命救急医療機器大手のゾール・メディカル
と、旭化成の米国子会社による株式公開買付およびそれに続く現金を対価
とする合併によりゾール・メディカルを友好的に買収することに合意した
（買収額は約 1,812 億円）。人口増大や高齢化で医療機器の成長が見込まれ
るアジア市場を共同で開拓する。

　本件は、旭化成にとって医薬・医療事業を化学、住宅に次ぐ収益の柱に
育てることを目指す買収戦略である。日本企業による海外の医療機器メー
カー買収が相次いでいる。医療機器分野の高い成長への期待に加え、海外
展開の足がかりを得ようとの狙いがある。医療機器は事業展開に当たって
各地域や国の当局による販売承認が必要であり、医療機関との信頼関係や
学会とのつながりなど事業基盤の整備も欠かすことはできない。

◆合併方式の事例◆

事例 69　世界のスマートフォン市場の取り込みに向けた逆三角合併方式
　　　　　を活用した買収

　ソフトバンクとスプリント・ネクステル・コーポレーションは、2012 年
10 月、ソフトバンクがスプリントの事業に対して約 201 億米ドル（約 1 兆
5,509 億円）の投資を行うことに合意した。投資総額のうち約 121 億米ド
ル（約 9,469 億円）はスプリントの株主に支払われ、約 80 億米ドル（約
6,240 億円）はスプリントの財務体質の強化等に投じられる。ソフトバン
クはあらたに米国持株会社を設立、米国持株会社の子会社として新スプリ
ントを、新スプリントの子会社として合併子会社を米国内に設立した。ソ
フトバンクは、新スプリントを通じて、あらたに発行されるスプリントの
転換社債を 31 億米ドルで引き受ける。ソフトバンクは、米国持株会社を
通じて新スプリントに対して約 170 億米ドルを追加出資するとともに、合
併子会社を消滅会社、スプリントを存続会社とする合併（逆三角合併）を
実施し、約 121 億米ドルが合併の対価としてスプリントの既存株主に支払
われる。以上の取引の結果、ソフトバンクは米国持株会社を通じて新スプ
リントの株式の約 70 ％を保有し、スプリントの既存株主は新スプリント
の株式の約 30 ％を保有することになる。新スプリントはニューヨーク証

券取引所に上場し（スプリントを承継）、米国における上場会社となる。ソフトバンクグループは、両社を合計した顧客基盤が日米市場で最大級に、移動体通信事業の売上高が世界3位となり、世界最大級のモバイルインターネットカンパニーとしての事業基盤を確立する。

　本件は、ソフトバンクが海外での通信事業に乗り出すための戦略的買収であるが、スプリントの財務体質の強化のための投資も含まれるという買収事例である。スプリントは2011年12月期まで5期連続の最終赤字、顧客数はAT&T、ベライゾン・ワイヤレスの大手2社の約半分とその差は大きく、高速携帯電話サービスLTE向けの基地局への投資負担も重く、財務が悪化していた状況にあった。

事例 70 世界の酒類市場でのグローバルプレーヤーを目指して逆三角合併方式を活用した友好的買収

　サントリーと米蒸留酒最大手ビームは、2014年1月、サントリーがビームの発行済株式を1株当り83.5ドル（過去3か月の売買高加重平均株価を24％上回る、総額約1兆6,500億円）で取得し、買収することに合意した。サントリーホールディングスが全額出資で米国に設立済みの特別目的会社がビームと合併、買収する。蒸留酒の世界市場は拡大を続け、新興国はほとんど手つかずのために、世界的な需要拡大が期待できる。サントリーは、両社の強力なブランドの展開に加え、販売流通網の拡大や技術交流の深化により、上位に欧米ブランドが並ぶ蒸留酒で勝負をかける。両社の蒸留酒売上高の合計は、英ディアジオ、仏ペルノ・リカールに次ぐ世界3位となる。

　本件は、寡占化が進む世界の飲料大手の一角に食い込むための大手蒸留酒メーカー買収という、サントリーの世界戦略であり、飲料と酒類の両翼が揃うことになる。一方で、巨額の大型買収だけに、相乗効果をどこまで積み上げられるかが課題となる。

事例 71 現金による株式の友好的買収

　楽天は、2014年2月、キプロスの無料対話アプリ大手バイバー・メディアを買収すると発表した。バイバーの発行済株式全株と新株発行を引き受けて子会社化する（買収額約920億円）。バイバーは世界193か国に約3

億人の登録ユーザーをもち、楽天市場の登録ユーザー約2億人を合わせると一気に5億人という楽天「経済圏」に拡大する。楽天はフェイスブック、アップル、グーグルやアマゾン・ドット・コムなどの巨大経済圏に対抗する世界規模の競争に乗り出すことになる。買収した無料通話アプリは利用時間や頻度が多く、楽天はユーザーを引き付けて電子商取引、金融やコンテンツ配信による利用で収益増を狙う。

　本件は、楽天の競合企業の買収による世界戦略であるが、「経済圏」をめぐる単なる囲い込み競争から同時にユーザーの利用による収益向上も狙う買収戦略である。

3　国際買収のプロセス

(1) 国際買収の一般的プロセス

　友好ベースの交渉による国際買収として、買収企業は、次のような一般的プロセスを経て対象企業の買収を実現する。

　(a) 買収目的の設定

　買収企業の事業戦略の一環として、その事業経営上のニーズと買収の必要性を把握し、買収による効果および買収後の事業経営の見通しを明確にする。

　(b) 買収対象企業の選定

　具体的な候補企業をリストアップし、それぞれについて公開情報を集めて分析する。関係取引先や投資銀行等から情報を収集して優先順位を決める。

　(c) 買収プロジェクトチームの編成

　買収企業は、関係部門から各分野の専門家を選び、権限をもった機動性のあるプロジェクトチームを早期に編成する。同時に外部の専門家、投資銀行、弁護士事務所や会計事務所を選定し、緊密な協働体制を始動させる。

　(d) 買収戦術の立案

　特定の対象企業に対する買収戦術について、買収企業は、起用した投資銀行、弁護士および公認会計士と具体的な検討を行う。買収形態につ

いては、資産買収か、株式買収あるいは合併のいずれか、そしてその支払いは現金か株式か、それぞれ税務上の観点とともに、最適な選択肢を吟味する必要がある。対象企業にどのようにアプローチして、友好ベースの約束をとりつけるかは、買収を成功させるための重要な戦術である。

(e) 買 収 交 渉

買収戦術にしたがって、対象企業の経営陣に対する友好ベースの買収が打診される。その経営陣の協力が得られる場合には、買収企業は、具体的な買収の対象、買収形態などの買収内容を提案し、両者間で交渉が行われる。

(f) レター・オブ・インテントの締結

買収当事者は、買収に向けての当事者の意思および買収の内容について、その骨子を基本的に確認しておくための契約書を締結する場合がある。

(g) デューディリジェンス

買収企業は、起用した投資銀行、弁護士および公認会計士とともに買収プロジェクトチームを対象企業の事業所や工場等の現地へ派遣して、さまざまな角度から買収対象の事業を調査する。

(h) 買収契約の締結

買収企業は、デューディリジェンスの結果とその評価を踏まえつつ、買収契約書を起案して提案し、両者間で具体的な契約内容の交渉が行われる。クロージング（closing）までに対象事業の評価に影響するような問題が生じた場合には、買収金額等について必要な調整を行う旨の条項を織り込むことは、買収企業にとってきわめて重要である。

クロージング 　買収契約に定められた特定の日時と場所において、買収契約書に記述された表明保証および約束の確認、買収金額の支払い、株券の引渡しなど両当事者の買収契約上の義務の履行が同時に行われ、買収取引が完了する。

(2) 投 資 銀 行

いかなる買収においても、とりわけ海外において買収を行う場合には弁護士、公認会計士および投資銀行を起用することは不可欠であるが、投資銀行の起用については、さまざまな観点からその必要性と程度、どのような機能を期待するのか、そのメリット・デメリットなどについて十分検討する必要がある。買主の事業買収における経験度、売主との関係、当該事業買収の性格、弁護士・公認会計士の活用の程度などによって、投資銀行の役割が大きく変わってくるからである。

(a) 投資銀行の機能

投資銀行は、買主の事業買収を援助するために買主により起用されるが、弁護士や公認会計士が有しない機能、とりわけ次のようなビジネス面における貢献が期待されている。①対象企業が属する産業ないし業界に詳しく、買主のために買収対象の企業を探知し、選択・決定するのに必要な情報を買主に提供できる。②売主となんらかのつながりがあって、友好的な買収を行えるよう働きかけをすることができる立場にあり、買収契約の交渉において貢献できる。③当該買収対象企業の事業の価値の評価について、どの程度の買収価格であれば売主に受け入れ可能かについて買主に現実的な助言をすることができる。投資銀行は当該買収を成功させるのに熱心なあまりむしろ高値の買収価格を助言することも珍しくない。買主としては、投資銀行にどのような機能をどこまで求めるのか、そして弁護士、公認会計士からの情報・助言を合わせて、自らの評価をどのようにするのかについて冷静な判断が必要である。

(b) 投資銀行の起用

具体的な投資銀行の選択に当っては次のような点について考慮する必要がある。①誰が当該買収プロジェクトを実際に担当するのか。事業買収の過程において実際の機能を果たすのは、投資銀行の組織そのものではなく、その組織に属する個人の専門家である。投資銀行の起用の成否は、その個人の経験と才能によるといっても過言ではない。②投資銀行と売主とのつながりはどの程度のものか、例えば、具体的な取引関係に

あるのか、売主の経営陣と面識があるのかなど。③国際的な事業買収の
実績はどうか、さらにその投資銀行は当該買収の対象とする事業が存立
する地域に強い基盤を有しているかどうか。

(3) 秘密保持契約

売主は、買主が買収対象とする企業の事業の評価のために必要な秘密
情報を提供するが、このためにまず買主に対して秘密保持契約を結ぶこ
とを要求する。

(a) 秘密保持契約の目的

秘密保持契約は、基本的にもっぱら売主の利益保護を図るためであ
り、売主の立場からその目的を次のように述べることができる。第1
に、秘密保持契約の期間中、買主による秘密情報の利用を買収の評価の
ためにのみ制限する。第2に、秘密保持契約において買主が買収をオ
ファーすることができる手順と時期を定める。とりわけ買主が複数存在
する場合は、売主は買収全体のプロセスを完全にコントロールするため
にこれらの手順と時期をあらかじめ設定する。第3に、買収が不成功
に終わった場合、その後の一定期間秘密情報の取り扱いを含む買主の行
動を制限する。

(b) 秘密保持契約の内容

買収における秘密保持契約の内容は一般的に定型的なものであり、売
主が起案するだけに売主有利となっているのが通常である。しかし、あ
まりに売主に有利すぎる場合は、かえって買主を過剰に不安にさせるこ
とになる。買主の立場からは、次のような点について十分な検討が必要
である。①秘密情報の定義について、売主が提供するすべての情報を対
象とすべきではなく、書面によるものでかつ秘密扱いと明示されたもの
に限定する。②秘密情報の利用について、売主は包括的な表現でその利
用を制限しようとするが、特定された明確な表現による文言でその利用
を制限する。③買収交渉を公に開示することは禁止されるが、売主と買
主双方を拘束する義務とする。もっとも、証券法等の法の要求に従う場

合は例外とする。④上場会社に関する秘密保持義務契約において、その締結後一定期間買主が売主の株式を取得する、あるいは売主の経営に圧力をかけることを禁止するような条項が定められる場合、第三者が売主に対して買い付けのオファーを出したときには、買主はそのような条項に拘束されないものとする。⑤買主による契約違反については、買主の損害賠償責任の範囲から付随的損害や結果的損害を除外し、その責任に制限を設ける。

(4)　レター・オブ・インテント

　正式な買収契約の締結に至る前の段階で、売主と買主の間で当該買収についての当事者の意図およびその骨子について契約を結ぶ場合がある。このようなレター・オブ・インテント（Letter of Intent）の目的は、買収の構造、買収価格の考え方、停止条件、買収の手順と時期等の枠組みを設定することである。買収の交渉において、レター・オブ・インテントを経て買収契約に至る 2 段階とするか、直ちに買収契約の締結を目指すべきか、議論の分かれるところである。売主と買主の関係、買収対象とする事業ないし企業の性格、買収交渉の環境などのさまざまな観点から検討する必要がある。

　(a)　レター・オブ・インテントの利用

　レター・オブ・インテントを利用するメリットは次のように考えられる。第 1 に、レター・オブ・インテントの交渉を通じて、売主と買主の両者は、正式の買収契約書の締結に至るまでの時間と費用がかかる段階に入る前に、当該買収について原則的に合意に達した理解を比較的簡単で明快な文書にすることができるかどうかを決定できる。とりわけ当事者がこうした取引に慣れておらず、取引のプロセスについて誤解を生じやすい、あるいは文書がないと互いに矛盾した解釈を生じやすいような複雑な要素がある場合には、レター・オブ・インテントの交渉過程が役立つことになる。基本的な合意に達することができないと分かれば、両者は比較的早い段階で交渉を打ち切ることができる。第 2 に、正式

な買収契約書の締結までに相当長い期間が予想される場合（例えば、買主にとって徹底的なデューディリジェンスが必要な場合や大規模な取引で多くの利害の調整を必要とする場合など）は、第1段階として両者の意図を確認するためにレター・オブ・インテントを結ぶ必要が生じる。第3に、当事者、とりわけ買主にとって、買収交渉に入るための前提条件（例えば、反対株主による訴訟に対する補償・免責など）を明らかにすることができる。第4に、当該買収取引について公的な開示が適当と判断される場合には、当事者はレター・オブ・インテントを公表することができる。

これに対してレター・オブ・インテントを経由することのデメリットはどうであろうか。第1に、レター・オブ・インテントといっても重要な条件はある程度織り込まなければならず、その交渉だけでも相当な時間と手間がかかる。第2に、レター・オブ・インテントの法的効力については、とくに定める場合を除き、拘束力のないものとすることができるし、その例も多く見受けられる。しかし、道義的、ビジネス的責任は生じており、その後条件を変更する、あるいはまったく新たな条件を加えることは交渉において実際上困難である。第3に、複雑な取引については、レター・オブ・インテントにおいても正確な定義や文言が必要となり、結局のところ長い契約書となってしまうおそれがある。また、この段階で正確を期するあまり買収交渉全体をかえって複雑にし、同時に柔軟性を失うこともある。

ところで当事者が上場会社である場合は、レター・オブ・インテントの締結については、法に従いその開示が要求されるのが通常である。開示によって、潜在的な競争者が当該買収を妨害するおそれが生じる、あるいは買収対象企業の従業員や顧客等が不安に陥いることもありうるので、これらに対する対応策を考えておく必要がある。開示義務に服しない非上場会社の場合にはこれらの心配はなく、レター・オブ・インテントが一般的に利用される傾向にある。

(b) レター・オブ・インテントの内容

　レター・オブ・インテントは、正式の買収契約に至る前段階のより簡易な覚書であるだけに、当事者の当該買収にかかわる事業上の意図をできるだけ明確に文章化する必要がある。これはレター・オブ・インテントを法的拘束力あるものとするか否かにかかわらずそのようにいうことができるが、とりわけ非拘束的な場合はなおさらその意図を明確にしておかなければ、レター・オブ・インテントの趣旨を最終的な交渉に活かせないおそれが生じる。

　レター・オブ・インテントの内容は必ずしも定型的ではないが、一般的に買主の観点から次のような点について検討することが必要である。①買主の立場から、できるだけ最も有利に最終的な取引を完了させることができるように柔軟性を留保しつつ、当該買収に必要な主たる条件を明記する。レター・オブ・インテントで基本的な合意ができていないような重要な条件を最終的な契約書に織り込むことは実際上きわめて難しいからである。②買主は、その事業戦略から売主のどの事業ないし資産を買収するのか、どのような債務・責任を引き受ける用意があるのかを十分検討した上で、さらに税務上の考慮を加えて買収形態を決定すべきである。また、買収価格に関連して、特定の債務の引受けの範囲、買収価格の一部を延払いにする、あるいはエスクロー勘定（escrow）に入れるかどうかについて、責任・リスク配分の観点から検討する必要がある。③表明保証および補償免責について、この段階においては買収対象の事業が属する業界における買収取引にとって慣習的な条項が与えられるのが一般的である。買主がとりわけこれらについての懸念事項を早い時期に交渉の論点とすることは、売主を過剰に警戒させ、交渉を行き詰まらせることになるので、これらの内容や範囲については慣習的な文言にとどまらざるをえないとしても、買主がとくに懸念する事項についてはすべて網羅しておく必要がある。④買主は、最終的な買収契約書の締結の前に十分なデューディリジェンスの機会を確保しなければならない。⑤クロージングのための条件として、売主は、当該取引の対象であ

る事業の価値を損なわないようにクロージングの時までその事業活動を
通常の事業の過程にとどめることが要求される。しかし、売主の一般的
な義務としてだけではなく、とくに買主として懸念する事項があれば、
その同意を要する旨を契約に明記しておくべきである。⑥クロージング
の条件の1つとして、両当事者は、政府、第三者あるいは自社内のど
のような承認・同意が要求されるかを明らかにする必要がある。⑦当該
買収の公表は、相手方当事者の承認なくしては禁止される。もっとも、
法に従う場合は許容される。⑧買主は、当該買収の独占的交渉権を確保
するために、売主が交渉期間中第三者から積極的に買収のオファーを募
集することを制限する必要がある。

4　国際買収契約の基本的構造

　売主が保有する対象会社の発行済株式のすべてを買主へ譲渡する、交
渉による買収の形態として最も基本的な「現金による株式買収」を前提
に、当事者間の買収契約関係を検討する。

(1)　譲渡価額の合意

　株式譲渡契約においては、株式譲渡の対価（譲渡価額）についての合
意が必須の要件となる。譲渡価額は、売主および買主がそれぞれ対象会
社の企業価値を評価し、両者の協議・交渉によって決定される。

(2)　クロージング

　契約締結日から一定の期間を空けて、当事者が合意した日時、場所に
おいてクロージングが行われることが一般的である。株式譲渡契約にお
けるクロージングに関する規定としては、株式譲渡の実行に係る手続を
中心に、これに付随・関連する手続に関する事項が定められる。株式譲
渡の実行に係る手続としては、株券の交付、代金の支払い、その他各種
書類の交付が行われる。買主は、クロージングにおいて、合意した譲渡
価額（買収価格）を全額支払う（ただし、別途の合意による価格調整や延べ

払いが行われる)。

| クロージングの前提条件 | 株式譲渡契約においては、クロージングに関する売主および買主の義務の履行に

係る前提条件が規定されることが通例である。前提条件は、売主と買主に分けて規定されることが多く、各当事者は、自己の義務履行の前提条件が充足されない場合には、クロージングを行わないことができる。

(a) 表明保証の正確性

売主・買主ともに、相手方の表明保証の正確性が前提条件として定められることが多い。両当事者とも、表明保証が正確であることを前提に取引実行の有無や条件に合意しており、表明保証違反がある場合には、その前提が成り立たなくなる可能性があるからである。

(b) 義務の遵守

売主・買主ともに、相手方の誓約条項その他の義務の履行が、クロージングに係る義務履行の前提条件として定められることが多い。相手方がクロージング前に遵守すべき義務を履行しない場合には、取引実行の当否やその条件の検討の前提が成り立たなくなる可能性があるからである。

(c) 許認可・競争法上の届出等

典型例としては、当該買収取引を禁ずるようないかなる命令等も司法当局から出されておらず、競争法上の待機期間が経過したことが問題となる。

(d) 株式譲渡の承認

対象会社が会社法上の譲渡制限会社の場合には、株式譲渡を対象会社に主張するためには、対象会社の株主総会(取締役会設置会社の場合には取締役会)による譲渡承認を要する。

(e) 関連契約の締結等

株式譲渡に当たっては、株式譲渡契約以外にも、これに付随・関連する契約が締結されることがある。

(f) 辞任役員の辞任届

株式譲渡に当たって、売主側から派遣されていた取締役等、対象会社の役員の全員または一部が辞任することとされる場合がある。このような場合、辞任役員は、基本的には売主側の関係者であるため、対象会社に対して辞任届を提出させることを売主の誓約事項とするとともに、辞任届の提出を買主側の義務履行の前提条件とすることが多い。

(g) 第三者の同意の取得等

株式譲渡に当たって、第三者の同意を得ること等が必要である場合には、売主の誓約事項として、クロージングまでに必要な同意を得るよう努力する義務が規定されることが多い。

(h) 資金調達

株式譲渡の代金支払いに必要な資金の調達が買主の義務履行の前提条件とされる。特に、買収ローン等の買収ファイナンスによる資金調達が想定されている場合に、当該資金調達が不調に終わった場合には買主は取引実行の義務を負わないこととする趣旨である。

(i) 重大な事業上の変化の不存在

株式譲渡契約の締結日からクロージングまでの間に、対象会社の事業等に重大な影響を及ぼす事由が生じていないことが、買主の義務履行の前提条件として定められる。株式譲渡契約の締結後に重大な後発事象が生じた場合にクロージングを実行しないことを認めることによって、そのような後発事象に係るリスクを売主に負担させる趣旨である。

(j) 必要書類の交付

一定の書面を買主が受領していることが、買主の義務履行の前提条件とされることが多い。このような書面としては、例えば、株式譲渡の承認に係る対象会社の取締役会の議事録の写しや、辞任役員の辞任届の写し等である。

(3) 表 明 保 証

(a) 表明保証の機能

　表明保証とは、株式譲渡契約の各当事者が、一定の事項が真実かつ正確であることを相手方当事者に対して表明し、保証するものである。表明保証の違反が判明した場合には、取引実行前においては、相手方当事者の義務の前提条件が不充足となり、相手方当事者は取引を中止することができる。また、表明保証の違反は後述の補償・免責条項の原因として契約上規定されることとなるため、相手方当事者は、表明保証の違反を理由として、補償の請求を行うことが可能である。このように表明保証の主な機能は、特に売主による対象会社に関する表明保証に関しては、仮に表明保証の違反がある場合において、買主に対して、取引を中止する権利、または補償請求によって金銭的な救済を受ける権利が与えられることによって、売主および買主の間のリスク分担を行うことにある。これに加えて、表明保証は、売主による情報開示を促進し、買主による対象会社に対するデューディリジェンスを補完する機能を有する。表明保証条項がある場合には、売主としても表明保証の違反を回避するために対象会社の状況を確認の上で表明保証の内容を精査することになり、売主が認識している事項については表明保証の対象外とするように開示別紙にて開示されることになるため、買主はその内容を認識することが可能となる。

(b) 表明保証の時点

　一般的に、株式譲渡契約の当事者は、株式譲渡契約の契約締結日およびクロージング日を基準日として、各表明保証事項が真実かつ正確であることを表明保証する。

(c) 表明保証の範囲または除外に関する事項

　表明保証を規定するに際しては、各個別項目ごとに、表明保証の内容・範囲を正確に吟味・検討する必要がある。表明保証の範囲を画する際には、別紙において表明保証の除外項目を定めたり、重要性・重大性の制約、または表明保証者その他の一定の者による認識に基づく制約

（「知る限り」や「知りうる限り」の留保）を規定する場合がある。

(d) 開 示 別 紙

表明保証条項に違反するような事実や事象（もしくはその可能性）が
すでに認識されている場合、表明保証者は、開示別紙にこれらの事実等
を記載することにより、表明保証の対象から除外することが行われる。
一方、相手方当事者は、開示別紙に記載された事実について表明保証違
反を理由とした請求等ができなくなる一方、当該事実を事前に認識でき
る結果、譲渡価額に反映させるよう交渉する等の対応をとることができ
る。

(e) 売主の表明保証

売主は、一般的に以下のような事項について買主に表明保証する。

①売主の立場　　買収取引を行う売主自らの立場は次のとおりであ
る。①売主は、適法な会社であり、事業活動を行う権限を有している。
②売主は、当該買収契約および買主に引き渡すべき契約書を締結し取引
を完了する権限を有しており、それが会社の行為により認められてい
る。また当該買収契約は、有効でかつ強制しうるものである。③当該買
収契約および買収取引の完了は、基本定款・付属定款および買収対象の
事業にかかわるいかなる法令等にも違反していない、また抵当権証書、
リース、契約等においてデフォルト（債務不履行）、解除、期限の利益
喪失や担保権の実行等を引き起こさない。

②　財務諸表　　売主は、買収対象の事業について特定の日付の財務
諸表（貸借対照表と損益計算書）を買主に事前に提供しているのが通常
である。これらの財務諸表は、一貫した一般的な会計原則に従って、その
日付における当該事業の財務状況および当該期間における事業の成果を
適正に示している。当該事業は、その特定の日付から当該買収契約締結
の日までに、個別に一定額以上の債務・責任および累計して一定額以上
の債務・責任を負っていない。

③　事業上の変化　　当該事業は、前述の最新の貸借対照表の日付以
降、過去の慣行に一致した方法で通常の過程において行われ、その運

営、資産や状況において重要な影響を及ぼすようないかなる変化も生じていない（ただし、例外が開示別紙に明記される）。

④　知的財産　　売主は、その知る限りにおいて、譲渡される知的財産の排他的な所有者であり、それらの財産を譲渡することができ、ロイヤルティ等の支払いなくしてそれらを自由に使用する権利を有する。また売主の知る限りにおいて、これらの知的財産に対してクレームや訴訟は提起されていない（ただし、例外が開示別紙に明記される）。

⑤　訴　訟　　対象会社において、当該事業に重大な影響を与えるような裁判所または政府機関による命令、クレームや訴訟等の提起またはそのおそれは生じていない（ただし、例外が開示別紙に明記される）。

⑥　法令遵守　　売主の知る限りにおいて、当該事業は、関連するすべての法令等にすべての重要な面において従っている（ただし、例外が開示別紙に明記される）。

⑦　資　産　　資産といっても、不動産、動産、債権、知的財産権等種類もさまざまであり、また使用形態もさまざまである。表明保証を検討するに際しては、対象会社グループがいかなる資産を保有しているか、そのうち重要な資産は何かという観点から、重点的に特定の資産について表明保証を求めることを検討することになる。

⑧　契約等　　対象会社グループが締結している契約は、事業の基礎をなすものであり、企業価値の源泉であることから、その適法性・有効性等やその遵守状況に問題が生じれば、従前どおりの事業遂行が困難となり、対象会社の企業価値・事業価値に悪影響が生じうる。対象会社グループが不利な契約を締結している場合や、株式譲渡に伴って契約が解約される可能性がある場合も同様である。対象会社グループが締結している契約について、さまざまな表明保証が規定される。

⑨　人事労務　　人事労務に関する表明保証については、対象会社の人事労務に関して、偶発債務の不存在や法令遵守等を確認するために規定される。主に対象会社と雇用関係にある従業員を対象としていることが多いが、役員についても表明保証の対象に含める。

⑩ 公租公課　　対象会社に税金の未払いが存しないことについて
は、他の偶発債務と同様に、取引価額等の前提となるため、表明保証の
対象とする。また、対象会社の過去の税務申告の正確性等に関しては、
法令遵守の観点でも重要であり、これらも表明保証の対象とする。

⑪ 保　険　　買主としては、対象会社の資産および事業に関するリ
スク管理の観点から、火災保険、運送保険、PL（製造物責任）保険等に
関する特別の表明保証を要求する場合がある。

⑫ 環　境　　環境に関する表明保証としては、環境法令および環境
基準の遵守、環境に関する司法・行政機関等からの指導、命令、勧告も
しくは調査（またはこれらの原因事実）の不存在、環境に関する第三者か
らのクレームもしくは訴訟等（またはこれらの原因事実）の不存在、規制
物質や危険物質の使用もしくは流出の不存在、および、PCB（ポリ塩化
ビフェニル）廃棄物等の個別法に対応する事項が挙げられる。

⑬ 関連当事者取引等　　買主にとって想定外のキャッシュ・アウト
が売主に対してなされ、または想定外の債務を対象会社が売主に負担し
ているというような事態を防ぐことを目的として、売主関係者との取引
の不存在に関する表明保証が規定される。

(f) 買主のデューディリジェンス

買主は、買収契約締結の前に、買収対象事業のデューディリジェンス
を実施する機会を確保する必要がある。買主は、買収契約のドラフトに
提示された売主の表明保証の内容、とりわけそれらの例外について注意
を払いつつ、買収しようとしている事業にどのようなリスクがどの程度
存在ないし潜在しているかを認識しなければならない。デューディリ
ジェンスの結果により、買主は、当該買収そのものを中止する、あるい
は買収契約の条件、とりわけ買収価格にそれを反映させることを検討す
べきである。

(g) 買主の表明保証

買主に関する表明保証としては、設立および存続、契約の締結および
履行、法令等との抵触の不存在、許可等の取得、反社会的勢力につい

て、売主の表明保証と実質的に同じ内容が規定されることが一般的である。さらに、買主が株式譲渡契約に基づく義務（譲渡価額の支払義務を含む）を履行し、株式譲渡を完了するに足る十分な資金を有している旨の表明保証が規定される。

(4) 誓　　約

当事者は、買収契約の締結後からクロージングまでの期間において買収取引のクロージングに向けてさまざまな約束を果たすことが要求される。

(a) 事業活動の現状維持

売主は、買収の対象とされる事業を過去の慣行に一致した方法で通常の過程に従ってクロージングの時まで運営しなければならない。この約束の目的は、売主の事業が買収契約締結時と実質的に同じ活動状況にあるように、すなわちその事業価値を維持するように確保することである。過去の慣行に従った通常の過程におけるものは除かれるが、売主は、一定額以上のまたは買主に悪影響を及ぼすような行為をしてはならない。

(b) 取引実行のために必要となる手続に関する義務

具体的には、取締役会における株式譲渡の承認決議、独占禁止法等の法令に基づき必要となる手続の実行および株式譲渡について承諾を要する契約に係る承諾の取得に関する義務が規定される。

(c) 対象会社の役員に関する義務

売主が、対象会社をして、退任する役員からクロージング前に辞任届を取得させる義務が規定される。

(d) 対象会社の事業・権利関係に基づく義務

株式譲渡の実行に伴い、対象会社は、売主の子会社でなくなることになる。売主の子会社であることに基づく、権利関係等をクロージング日までに解消することが望ましい場合があり、このような解消について売主のクロージング日までの義務として規定される。

(e) 関連契約の締結

株式譲渡契約において、移行サービス契約の締結、株主間契約の締結
や業務提携契約の締結を当事者の義務として定めた上、株式譲渡の義務
履行の前提条件として規定する。

(f) 買収資金のファイナンスに関する義務

買主において、株式の買収資金を金融機関からの借入れや増資により
外部調達する場合、買主の義務として、ファイナンスに係る契約の締結
および実行に関する義務が規定される。

(g) 取引保護条項

株式譲渡と矛盾または抵触する取引等について、その実行はもちろん
のこと、協議や交渉またはデューディリジェンスのための情報提供等に
ついても禁止する旨の規定（独占交渉義務）が設けられる。

(h) 勧誘禁止義務

対象会社の企業価値の重要な一部を対象会社の役職員が占めている場
合、買主としては、株式譲渡後に、売主が対象会社の役職員を引き抜く
行為を禁止したいと考えることが多い。売主による対象会社の役職員の
引抜き行為を一定期間禁止する条項を設ける。

(i) 派遣役員・従業員の責任免除

対象会社の役員は、売主の従業員が管理のために派遣されているとい
う場合も多い。このような場合に、株式譲渡前に当該役員が行った行為
について、株式譲渡後に責任を追及することが可能であるが、売主とし
ては、買主によるそのような責任追及を禁止するべく当該役員の責任を
免除する規定を定める。

(j) 商号・商標等に関する義務

買主の義務として、クロージング後一定の期間内に対象会社の商号・
商標等を変更する旨を規定する。

(k) 売主による情報アクセス

株式譲渡前の買主による対象会社への情報アクセスと反対に、株式譲
渡後、売主による対象会社の情報へのアクセスを定める。

(l) 取引完了への最善努力義務

　売主、買主いずれも、買収取引を完了させるに必要なことをすべて実行する最善努力義務を負うことが明記される。さらに、関係政府機関の承認等を得るために最善努力義務を負うことも付加される。

(m) 競 業 禁 止

　買主は、売主から買主と競業しないとの合意を取り付けることを望むのが通常である。しかし、このような競業禁止の契約は反競争的な問題を生ずるおそれがあるので、売主に対する競業制限を合理的な範囲にとどめる必要がある。

(n) 従業員の承継

　買主は、買収対象の事業のために雇用されている従業員を原則として承継するのが通常である。そして買主は、従業員の福利厚生プランについて、クロージング直前に与えられていたものと全体として実質的に等しいものを、引き継いだ従業員に与えることを約束する。

(5) 環 境 責 任

　事業活動に伴って生じる環境責任は、アメリカ法の下においては、第三者から提起される環境クレーム、法により要求される土壌の浄化責任および環境法を遵守するためのコスト負担の3つに大きく分けることができる。買主は、クロージング以後買収した事業から生ずる環境責任を負うのが原則であり、この旨を買収契約に明文化する必要がある。一方、売主は、クロージング以前の事業活動から生じた環境にかかわる責任・義務を制限するために、例えば、環境クレームや土壌の浄化責任についてはクロージング後7年以内、環境法遵守のためのコスト負担についてはクロージング後6か月以内に申し立てられたものに限定しようとする場合がある。

(6) 補 償 ・ 免 責

　補償とは、ある当事者に株式譲渡契約の表明保証違反、誓約条項違反

またはその他の義務違反があった場合に、当該違反による損害を填補または賠償等する旨の合意である。当該買収契約において定められた売主および買主の責任・義務に関して、相互に補償または免責する総括的な条項が設けられる。売主および買主は、クロージングの時点を基準として、当該買収契約に定める責任の不履行・義務違反から生じる損害について相互に補償または免責することに合意する。この場合の損害は、保険による補填および第三者へのクレームによって回復した額を差し引いて算定される。また第三者からクレーム等が申し立てられた場合は、当事者が相手方に対して補償・免責を請求し、第三者に対応するための手続が定められる。

(a) 補償の限定

補償の金額による制限としては、補償の下限と上限が問題となる。補償の下限としては、個別事由の下限および損害の累計額の下限が検討される。補償の上限は、違反当事者による補償の最大限であり、これを超える金額については、仮に違反があったとしても違反当事者は補償義務を負わない。

(b) 補償の期間

補償の期間についても、半永久的に補償が可能となるのではなく、一定の時期的制限が設定され、それ以降は補償請求が認められない旨が規定される場合がある。

売主および買主によりなされた表明保証は、クロージング後の一定期間、例えば1年間は残存するのが通常である。表明保証についてのクレームは、この期間内に相手方に申し立てることが要求される。

(c) その他の補償責任の限定等

補償義務の根拠となった事項と同一の事由によって、対象会社または買主が別途利益を受けた場合には、売主による補償義務を軽減する旨が規定される場合もある。

(7) 解　除

(a) 解除が可能な期間

株式譲渡契約の解除は、クロージング前までに限って行うことや、クロージング後は、補償請求による金銭的な処理のみを認める場合が多い。

(b) 解 除 事 由

株式譲渡契約においては、解除事由として、相手方について表明保証の違反がある場合、相手方に義務違反がある場合、相手方について法的倒産手続が開始された場合、一定の日までにクロージングが行われない場合が規定されるのが一般的である。

5　買収におけるデューディリジェンス

(1) デューディリジェンスの目的

デューディリジェンスの目的は、買収の対象とする事業の業種と性格、買主の事業目的などによって大きく異なってくるが、一般的に次のように挙げることができる。①対象企業の事業について売主により適正な表明保証がなされているかどうかを評価する。②対象企業の事業の事業上および収益面における強さと弱さを評価する。③偶発債務ないし責任が発生する可能性とその影響を評価する。④当該買収取引を壊すような重大な問題、あるいは買収価格の評価に影響するような問題の存否とその影響を評価する。⑤特定の懸念がある分野を取り扱うのに適切な表明保証および補償免責条項を検討する。⑥当初考えていた買収形態またはその一部を変更する必要がないかどうかを検討する。

(2) デューディリジェンスの方法と時期

買主は、デューディリジェンスの手順と方法について次のように十分な検討が必要である。①買主は、当該デューディリジェンスの目的を明らかにし、その範囲と重要なポイント、とりわけ作業の優先順位を関係者全員に指し示す。②デューディリジェンスを実施するチームのメン

バーそれぞれの役割分担とその責任を明らかにする。③買収企業内で専門家を結集するのみならず、社外の専門家、例えば、弁護士や公認会計士はもちろんのこと、不動産鑑定士、環境コンサルタント、技術コンサルタント等を活用する。④メンバー間の円滑な意思疎通と協力の体制を構築する。デューディリジェンスは、それぞれの専門家による作業の集積であるが、相互に密接に関連しており、その成果は、社内の中核となる専門家グループが社外の弁護士や公認会計士をデューディリジェンス全体の調整役としてどのように有効に使うことができるかどうかにかかっている。買主は、デューディリジェンスを買収契約の交渉中に実施する必要がある。デューディリジェンスの過程は、基本的に買収契約書のドラフティングと契約交渉の過程に完全に統合されるべきである。買主は、デューディリジェンスの成果を買収契約の交渉に活かさなければならない。

(3) デューディリジェンスの対象

　デューディリジェンスの対象も、対象企業の事業の業種と性格、買主の事業目的などによって変わってくるのはいうまでもないが、次のような３つの観点からその対象を一般的に検討することができる。

　①　法的観点からのデューディリジェンス　　法的観点から対象となる典型的な項目は、会社の基本的な構造に関する書類（例えば、登記書類、基本定款、付属定款、株主総会議事録、取締役会・経営会議等の議事録とその運営規則等）、株式関係の書類（例えば、株主名簿、転換社債、株式の種類とその権利内容、自己株式、株主間契約等）、事業活動に関する許認可や契約に関する書類等であり、定型的なものである。

　②　経理的観点からのデューディリジェンス　　すべての財務諸表（営業報告書、監査報告書を含む）、税務申告書類（税務クレームを含む）、予算と事業計画書、資金収支表、資金調達と融資関係書類（融資契約を含む）などは経理的観点からの定型的な対象項目である。

　③　経営的観点からのデューディリジェンス　　事業経営の観点から

は、当該事業の現状と将来、他企業との提携関係、グループ企業との関係、売主と取締役・株主間の契約、当該事業に関する市場と業界の状況、主要な顧客とディストリビューターのリスト、原材料供給者との契約関係などが典型的な項目である。

6 買収後の統合

(1) 統合の基本的プロセス

(a) 戦略統合プロセス

被買収企業に対して、財務目標の共有はあっても、戦略の共有がない場合が見受けられる。戦略統合プロセスでは、単に財務目標の合意形成だけではなく、経営資源の活用や顧客への価値提供といった戦略面での合意形成も重要になる。

(b) 業務統合プロセス

戦略を企業活動の各業務に落とし込むことが必要である。そのために、被買収企業の日常の経営活動を、各業種別に目標値に落とし込むことである。具体的には、開発、製造、販売・サービス、経理、人事、購買などの各業務の現場のリーダーを中心に、戦略実現のために各業務がすべきことの議論を進めていくことが必要である。

(c) モニタリングプロセス

業務統合プロセスまで進めば、戦略と一貫性のある目標値が設定されているため、モニタリングプロセスは比較的容易である。このプロセスでは、月次での目標値と各業務の統合状況を確認し、PDCA（計画・実行・評価・改善）を確実に回していくことが必要である。

(2) 機能統合プロセス

(a) 販売・マーケティング機能統合

買収後の統合において非常に重要なのが、販売・マーケティング機能の統合である。販売機能においては、買収企業が被買収企業と同じ地域にすでに販売拠点をもっている場合は、拠点の統合が重要になる。ま

た、地域別に製品ブランドをどのように統合していくかについても重要な論点となる。販売地域における販売力、保有顧客、地域シェアなどを勘案して、地域での販売拠点の統合、ブランド統合の方針を検討しなければならない。

(b) 購買・物流機能統合

統合後、購買の業務プロセスを統合することが必要となる。その際には、戦略統合プロセスで明示した事業戦略を実現するために、あるべき購買の将来像を明確にすることが重要であり、これに基づいて、需要予測業務、生産計画との連携の仕方、在庫のもち方、物流機能などについて、どのように統合するのかの検討を進める。

(c) 製品開発機能統合

製品開発については、お互いがもつ経営資源を生かし、新たな付加価値を創造していくプロセスを構築することが求められる。買収企業・被買収企業が、お互いがもつ製品、技術、プロセスをもち寄ることで、新たな製品・サービスを実現することが重要である。

(3) 人材基盤・ガバナンス統合

さらに統合において重要なのは、人材基盤の統合とガバナンスの統合である。人材基盤の統合としては、価値観の共有、重要人材の可視化と育成の仕組みが重要であり、ガバナンスの統合としては、責任権限の明確化、透明性の確保、主体性・当事者意識の向上が重要な論点となる。

7　アメリカ反トラスト法による規制

クレイトン法7条は、取引の効果が実質的に競争を減少し、または独占を形成するおそれをもたらす合併、株式取得または資産買収を禁止する。その対象者は、会社のみならずパートナーシップや個人事業主にまで拡大されている。司法省および連邦取引委員会による救済は、単に当該合併・取得を禁止することを超えて、すでに完了した取引を遡及して是正する措置、例えば、取得した株式・資産の強制的剥奪、企業分

割、技術の強制的配分、暫定的生産制限などにまで及ぶことが可能である。クレイトン法は、直ちに競争に脅威を与える買収から競争に対する脅威が遠い買収までの幅広いビジネスの取引の範囲にわたって適用されてきた。ハート・スコット・ロディノ法は、買主および売主の両当事者が連邦取引委員会および司法省に合併等の事前届出を行うことを要求する。当該取引は30日間（公開現金買付においては15日間）停止される。

> **事例 72** セブン＆アイ・ホールディングスによる米スピードウェイの買収
>
> 　セブン＆アイ・ホールディングスは、2021年5月、米の石油精製会社マラソン・ペトロリアムが運営するコンビニを併設したガソリンスタンド部門「スピードウェイ」を約2兆3,000億円で買収したと発表した。しかし、米で買収事案を審査するFTC（連邦取引委員会）の1部の委員が「当該買収はアメリカ反トラスト法に違反する」などと異議を唱えたため、当該買収の承認が遅れていた。これについて、FTCは、6月25日、声明を発表し、米セブンイレブンが米国内のセブンイレブンとスピードウェイの合計で293店舗を他のコンビニ運営会社などに売却することで合意したと明らかにした。今後5年間は店舗を買い戻すにはFTCの承認が必要となる。また、10年間はFTCが指定した商圏で資産を売買する際はFTCへの事前通知が必要となる。

8　2010年水平的合併ガイドライン

　2010年8月に司法省および連邦取引委員会（以下「当局」という）は、水平的合併ガイドラインを公表している。本ガイドラインは、主要な分析テクニックおよび水平的合併が相当に競争を減らすかどうかを予報するために当局が通常依拠する証拠の主なタイプを記述する。

（1）反競争的効果の証拠

　当局は、合併が相当に競争を減らすかどうかという主たる質問に応えるために合理的に入手可能で信頼できる証拠を考慮する。当局が、経験

において、合併のありそうな競争効果を予報するのに最も情報を与えると気付いた証拠のカテゴリーと源が議論される。

(a) 証拠のタイプ

① 完成した合併において観察される実際の効果　完成した合併を評価するとき、最終の課題は、反競争的効果がすでに合併から生じているかどうかのみならず、そのような効果が将来生じそうであるかどうかである。

合併後に観察された価格上昇または顧客に不利なその他の変化の証拠は、大きなウエートが与えられる。当局は、そのような変化が合併から生じる反競争的効果であるかどうかを評価する。

② 経験に基づく直接の比較　当局は、合併の競争的効果に関して情報を与える、歴史的出来事を探す。当局は、また、類似の市場間の変化に基づいた信頼できる証拠を探す。

③ 関連市場におけるマーケットシェアおよび集中　当局は、関連市場における合併当事者のマーケットシェア、集中のレベルおよび合併により引き起こされた集中の変化にウエートを与える。

④ 正面からの相当な競争　合併企業は、合併がなければ、正面からの相当な競争者になった、またはなりそうであるかどうかを当局は考慮する。そのような証拠は、その競争の喪失から直接生じる反一方的効果を評価するために特に関連しうる。

⑤ 合併当事者の破壊的役割　当局は、一匹狼の企業、すなわち顧客の利益のために市場において破壊的な役割を演じる企業を排除することにより、合併が競争を減らすかどうかを考慮する。

(b) 証 拠 の 源

当局は、合併の分析において証拠の多くの源を考慮する。

① 合併当事者　当局は、合併当事者から相当な情報を典型的に入手する。この情報は、書面、証言またはデータの形態をとり、および競争的に関連する条件の叙述から構成されることができる、または実際のビジネスの行動および意思決定を反映することができる。

　② 顧 客　顧客は、彼ら自身の購買行為および選好に関する情報
から合併自体の効果についての彼らの見解にまで及ぶ、さまざまな情報
を当局に提供しうる。

　③ 他の業界参加者および観察者　供給者、間接的顧客、ディスト
リビューターおよび業界アナリストも、合併調査に役立つ情報を提供し
うる。

(2) 対象顧客および価格差別

　合併からの可能な反競争的効果を吟味するとき、当局は、同じまたは
類似の製品を購入する異なる顧客に対して、これらの効果が相当に異な
るかどうかを考慮する。

(3) 市場の画定

　当局が潜在的競争懸念を水平的合併と同一視するとき、市場の定義は
2つの役割を演じる。第1に、市場の定義は、競争的懸念が生じる商業
のラインおよび地域の部分を特定するのに役立つ。第2に、市場の定
義は、当局が市場参加者を見分け、ならびに市場シェアおよび市場集中
を測定することを可能にする。

　(i) 製品市場の画定

　1つの合併企業により販売される製品（製品A）が他の合併企業によ
り販売される1以上の製品に対して競争するとき、当局はその競争の
重要性を評価するために製品A周辺の関連市場の境界を定める。その
ような関連市場は、製品Aを含む代替製品のグループから構成される。

　① 仮定の独占者テスト　当局は、候補市場における製品のグルー
プが関連反トラスト市場を構成するほど十分に広いかどうかを評価する
ために、仮定の独占者テストを用いる。また当局は、合併企業の1つ
により販売される製品と合理的に交換できる製品のセットの境界を定め
るために仮定の独占者テストを使用する。

　仮定の独占者テストは、製品市場が十分な代替製品を含んでいること

を要求する。特に、このテストは、これらの製品の唯一の現在および将来の売手（仮定の独占者）であった、仮定の利益最大化企業が、合併企業の1つにより販売される少なくとも1つの製品を含む、市場における少なくとも1つの製品に対して、少なくとも小幅であるが有意でかつ一時的ではない(SSNIP)価格引上げを課すであろうことを要求する。。

② 基準価格およびSSNIPサイズ　当局は、合併がなければ広がっているであろう価格からスタートしてSSNIPを適用する。合併がなければ、価格が変化しそうにないならば、これらの基準価格は、合併前に広がっている価格であると合理的に採用されることができる。価格が、合併前の協調の決裂により下落するならば、当局は、テストのための基準としてこれらのより低い価格を使用する。SSNIPは、顧客により使用される製品またはサービスに貢献する価値のために候補市場において企業により課される価格の小幅であるが有意の価格引上げを代表することが意図されている。当局は、合併企業が価値を貢献する製品またはサービスのために顧客により支払われる価格の5パーセントのSSNIPをしばしば使用する。しかしながら、合併により引き起こされた競争の相当の喪失に釣り合って、小幅であるが有意の価格引上げが何を構成するかは、業界の性格および業界における合併企業のポジションに依拠しており、当局は、したがって、5パーセントよりも大きいまたは小さい価格引上げを使用する。

③ 仮定の独占者テストの実施　価格を引き上げる仮定の独占者のインセンティブは、顧客が、そのような価格引上げに対応して候補市場における製品から代替しそうである程度と、それらの製品で獲得した利ざやの程度の両者に依拠している。増加するユニット上の利ざやは、価格とそれらのユニット上の増加コスト間の差である。当局は、例えば、合併企業がビジネスの意思決定をするために使用する合併当事者の書類およびデータを使って、しばしば増加コストを評価する。

より高い価格に対する顧客のありそうな反応を顧慮する際に、当局は、以下を含むがそれらに限定されない、合理的に入手可能でかつ信頼

できる証拠を考慮に入れる。(イ)価格または他の条件における関連する変化に対応して、顧客がどのように過去における購入を移したか。(ロ)買手が価格変化にどのように対応するであろうかに関する、調査を含む、買手からの情報。(ハ)顧客がどのように価格における関連する変化に対応して製品間で代替するかに関する、売手の詳しい情報に基づいた信念を示す売手のビジネスの意思決定またはビジネスの書類、ならびにいくつかのまたはすべてのライバルによる価格変化を探知して、対応する業界参加者の行動。(ニ)製品の特徴およびコストならびに切り替える製品、特に候補市場における製品から候補市場外の製品への切換えの遅れについての客観的な情報。(ホ)その価格のみが上がるとき、候補市場における1つの製品により失われ、候補市場における他の製品により取り戻される、販売のパーセンテージ。(ヘ)補完的製品の売手のような他の業界参加者からの証拠。(ト)法的または規制的要求。(チ)産出市場における顧客が直面する下流の競争の影響。

④ 目標顧客を有する製品市場の定義　仮定の独占者が、価格引上げのために顧客の部分を利益がでるように目標に定めることができるならば、当局は、仮定の独占者が少なくとも SSNIP を利益がでるようにかつ個々に課す目標顧客の周辺に境界を定めた関連市場を確認する。

(4) 地理的市場の画定

合併により影響を受ける競争の場は、いくつかの製品に代替するいくつかの顧客の意向および能力、またはいくつかの顧客に仕えるいくつかの供給者の意向または能力を制限するならば、地理的に境を接している。供給者および顧客両者の所在地は、これに影響を与えることができる。地理的市場の範囲は、輸送コストにしばしば依拠している。

① 供給者の所在地に基づいた地理的市場　供給者の所在地に基づいた地理的市場は、販売がなされる地域を包含する。このタイプの地理的市場は、顧客が供給者の所在地で商品またはサービスを受け取るときにしばしば適用される。仮定の独占者テストは、地域に位置する関連製

品の唯一の現在または将来の生産者であった利益最大化企業が、合併企業の1つの少なくとも1つの所在地を含む、少なくとも1つの所在地から少なくともSSNIPを課すことを要求する。

　地理的市場が供給者所在地に基づいて境界を定められるとき、地理的市場において位置する供給者によりなされた販売が、購入をする顧客の所在地に関係なく、計算される。

　②　顧客の所在地に基づいた地理的市場　　仮定の独占者が、顧客の所在地に基づいて差別するとき、当局は、目標顧客の所在地に基づいて地理的市場の境界を定める。このタイプの地理的市場は、供給者が、顧客の所在地へ彼らの製品またはサービスを引き渡すときにしばしば適用される。このタイプの地理的市場は、販売がなされる地域を包含する。

(5) 市場参加者、マーケットシェアおよび市場集中

　当局は、競争的効果の評価の部分としてマーケットシェアおよび集中の大きさを通常考慮する。当局は、合併が競争を相当に減じるかどうかを決定する最終の目的のために他の合理的に入手可能でかつ信頼できる証拠と関連してマーケットシェアおよび集中を評価する。

市場参加者　関連市場において現在収入を獲得しているすべての企業は、市場参加者と考えられる。

　関連市場において現在の生産者でないが、大きな埋没コストを負担することなく、SSNIPの場合に直接の競争的影響をもつ迅速な供給対応をまさに提供しそうである企業も市場参加者である。

マーケットシェア　当局は、データの入手可能性に従って、関連市場において現在製品を生産するすべての企業のためにマーケットシェアを通常算定する。当局はまた、その算定が彼らの競争的重要性を確かに反映するためになされることができるならば、他の市場参加者のためにマーケットシェアを算定する。当局は、関連市場における企業の将来の競争的重要性の最善の入手可能な表示器に基づいてマーケットシェアを計る。これは、考慮される競争的効果のタイプ

およびデータの入手可能性に依拠する。

市場集中 市場集中は、しばしば、合併のありそうな競争的効果の 1 つの有用な表示器である。市場集中を評価する際、当局は、市場集中の合併後のレベルおよび合併から生じる集中における変化の両者を考慮する。

当局は、市場集中のハーフィンダール・ハーシュマン指数（HHI）をしばしば算定する。HHI は、個別企業のマーケットシェアの 2 乗を合計することにより算定され、そしてこうしてより大きなマーケットシェアに比例的により大きなウエートを与える。HHI を使用するとき、当局は、HHI の合併後のレベルおよび合併から生じる HHI の増加の両者を考慮する。HHI における増加は、合併企業のマーケットシェアの積の 2 倍に等しい。

経験に基づいて、当局は市場を一般的に 3 つのタイプに分類する。

① 集中が進んでいない市場　HHI 1500 以下
② 集中がやや進んでいる市場　HHI 1500 から 2500 までの間
③ 高度に集中が進んでいる市場　HHI 2500 以上

当局は、境界を定めた関連市場のために以下の一般的基準を用いる。

① 集中における小さな変化　100 ポイント以下の HHI 増加に関係する合併は、反競争的効果をもちそうになく、通常さらなる分析を要求しない。
② 集中が進んでない市場　集中が進んでいない市場に結果する合併は、反競争的効果をもちそうになく、通常さらなる分析を要求しない。
③ 集中がやや進んでいる市場　100 ポイント以上の HHI 増加に関係する集中がやや進んでいる市場に結果する合併は、潜在的に大きな懸念を引き起こし、しばしば吟味を是認する。
④ 高度に集中が進んでいる市場　100 ポイントから 200 ポイントの間の HHI 増加に関係する高度に集中が進んでいる市場に結果する合併は、潜在的に大きな反競争的懸念を引き起こし、しばしば吟味

を是認する。200 ポイント以上の HHI 増加に関係する高度に集中が進んでいる市場に結果する合併は、市場支配力を高めそうであると推定される。推定は、合併が市場支配力を高めそうにないということを示す説得力のある証拠により反駁される。

　合併後の HHI および HHI の増加が高ければ高いほど、当局の潜在的な競争的懸念は大きくなり、当局がその分析を行うために追加の情報を要請する可能性が大きくなる。

(6) 一方的効果

　合併から生じる、2 つの企業間の競争の除去は、それだけで競争の大きな減少を構成する。そのような一方的効果は、関連市場において独占するために、合併において最も明白であるが、決してそのケースに限られるわけではない。

　(a) 差別された製品の価格設定

　差別された製品の産業において、他の製品はより遠い代替物であり、より激しくなく競争するが、いくつかの製品は、非常に近い代替物であることができる、そしてお互いに激しく競争する。差別された製品を販売する企業間の合併は、1 つまたは両方の製品の価格を合併前のレベル以上に一方的に引き上げることにより合併した企業が利益を得ることを可能にすることによって競争を縮小する。

　(b) 取引および競売

　2 つの競争する売手間の合併は、買手が、取引においてこれらの売手をお互いに張り合わせることを妨げる。これのみで、合併企業が、合併がなければ別々にオファーしたであろうものよりも、合併企業体にとってより有利な結果であり、買手にとってより有利でない結果を、合併企業体が獲得する能力およびインセンティブを大いに高めることができる。

　(c) 同質的な製品のための能力および産出

　比較的差別されていない製品に関係する市場において、当局は、合併

企業が、産出を一方的に抑圧し、市場価格を上げることが利益を得ることであると気づくかどうかを評価する。

　一方的産出抑制戦略は、①合併企業のマーケットシェアが比較的高い、②産出抑制により影響されない価格で販売のためにすでに約束された合併企業の産出のシェアが比較的低い、③抑圧された産出に対するマージンが比較的低い、④ライバルの供給反応が比較的小さい、および⑤需要の市場順応性が比較的低いとき、より利益になりそうである。

　(d) イノベーションおよび製品の多様性

　当局は、合併がなければ広く行われているレベル以下に革新努力を縮小することを合併企業に奨励することにより、イノベーション競争を減少しそうであるかどうかを考慮する。また、1つの合併企業による成功するイノベーションが他の合併企業から販売を手に入れそうである範囲および将来のイノベーションのための合併後のインセンティブが、合併がなければ広く行われていたインセンティブよりも低い範囲を評価する。さらに、合併が、さもなければ生じなかったイノベーションを、さもなければ統合されえない補完的能力をまとめることによって、またはある他の合併固有の理由のために、可能にしそうかどうかを考慮する。また、合併が、合併当事者により販売される関連製品の1つをオファーすることを止めるインセンティブを合併された企業に与えそうであるかどうかを考慮する。合併に続く多様性の減少は、反競争的である、または反競争的でない。合併は、多様性が顧客に少ししか価値を与えないとき、製品の効率的な統合に至ることができる。

(7) 協 調 効 果

　合併は、顧客を害する関連市場において企業間の合併後の相互作用を可能にし、または奨励することによって競争を減らす。協調相互作用は、他者の適応する反応の結果としてのみそれぞれの企業にとって利益のある、多数の企業による行為を伴う。これらの反応は、そのような動きがライバルからビジネスを勝ち取る範囲を切り落とすことによって、

顧客によりよい取引を提供する企業のインセンティブを鈍くすることができる。それらの反応はまた、そのような動きが、顧客を失うというおそれをライバルに対し緩和することによって、価格を引き上げる企業のインセンティブを高めることができる。

協調相互作用に対する合併の影響 当局は、市場参加者が大いにより協調した相互作用を引き起こしつつ、互いに影響し合う仕方を変えようとするかどうかを吟味する。当局は、協調行為の強さ、程度または可能性における増加を通じて、どのように合併が大いに競争的インセンティブを弱めるかを確認したい。

市場が協調行為に弱い証拠 関連市場において大きなシェアを代表する企業が、関連市場に影響する明示の共謀に以前に従事していたようにみえるならば、市場における競争条件が、以来、大いに変化したことがない限り、市場条件は、協調相互作用の助けになっていると、当局は推定する。

　各々の競争的に重要な企業の大きな競争的イニシアチブが、その企業のライバルにより迅速にかつ密かに観察されることができるならば、市場は典型的に協調行為により弱い。ライバルから顧客を引きつけることからの企業の予期される競争的報酬が、ライバルのありそうな反応により大いに縮小されるならば、市場は、典型的に協調行為により弱い。

(8) 強力な買手

　当局は、強力な買手が、価格を引き上げる合併企業の能力を抑制する可能性を考慮する。

　しいかしながら、当局は、強力な買手の存在のみが、合併から生じる反競争的効果の機先を制するとは推定しない。

(9) 参　　入

　競争的効果の完全な評価の部分として、当局は、関連市場への参入（Entry）を考慮する。関連市場への参入の予想は、合併が顧客を大いに

害しないように、そのような参入が懸念の競争的効果を妨げまたは中和する場合にのみ、反競争的効果についての懸念を緩和する。

　当局は、参入者が実際に用いる参入努力の時宜に適していること、可能性および十分さを吟味する。

（10）効 率 性

　競争は、通常、企業が内部的に効率性を達成するよう激励する。それでも、合併の経済にとっての主たる利益は、大きな効率性を生じ、かつこうして合併企業の競争する能力およびインセンティブを高める潜在力である。効率性は、ある程度、効率性に関する情報の多くが比類なく合併企業に所有されているがゆえに、証明し、定量化することが困難である。したがって、効率性の主張を実証することは、合併企業に義務としてかかっている。効率性の主張は、それらが曖昧であり、投機的であり、またはさもなければ、合理的手段により証明されることができなければ、考慮されない。当局は、認識しうる効率性が、合併が関連市場において反競争的でなさそうであるような性格および規模であるならば、合併に挑戦しない。

（11）破綻および退出する資産

　当局は、以下のすべての環境が満たされないならば、破綻企業の資産が関連市場から退出するという主張を通常信用しない。①申し立てられた破綻企業が近い将来、その財務的義務を満足することができないだろう。②申し立てられた破綻企業は、破産法11章に基づいて成功裡に再編成することはできないだろう。③申し立てられた破綻企業は、有形および無形の資産を関連市場において維持し、かつ提案された合併が晒すよりもより少ない厳しい危険に競争を晒しただろう合理的な代わりのオファーを引き出す、不成功に終わったが誠実な努力をした。同様に、合併は、競争に対するリスクが破綻部門の買収から生じるならば、競争的害を引き起こしそうにない。当局は、以下の条件の2つが満足されな

ければ、部門の資産が近い将来に関連市場から退出するという主張を通常信用しない。①真実の経済的コストを反映するコスト配分ルールを適用して、部門は、活動ベースで永続的にマイナスのキャッシュフローをもっており、かつそのようなマイナスのキャッシュフローは、補完的市場における付加された販売または高められた顧客信用のような便益により企業のために経済上正当化されない。②破綻部門の所有者は、有形および無形の資産を関連市場において維持し、かつ提案された合併が晒すよりもより少ない厳しい危険に競争を晒しただろう合理的な代わりのオファーを引き出す、不成功に終わったが誠実な努力をした。

(12) 競争する買手の合併

競争する買手の合併は、競争する売手の合併が市場の販売側における市場支配力を高めることができるように、市場の購買側における市場支配力を高めることができる。

(13) 部分的買収

部分的買収が目標企業の効果的支配に帰する、または目標企業の関連資産のほとんどすべてに関係すると当局が決定するとき、当局は、合併を分析するように取引を分析する。

9 2020年垂直的合併ガイドライン

2020年6月に司法省および連邦取引委員会（以下「当局」という）は、垂直的合併ガイドラインを公表している。

(1) 反競争的効果の証拠

当局は、垂直的合併が相当に競争を減らすかどうかという主たる質問に応えるために合理的に入手可能で信頼できる証拠を考慮する。水平的合併ガイドライン2において記述した証拠のタイプも、完成された合併において観察される実際の効果、経験に基づく直接の比較および合併

当事者の破壊的役割に関する証拠を含む、垂直的合併の効果について有益でありうる。当局はまた、例えば、垂直的合併は、合併企業が破壊的ライバルを懲戒することを可能にするという理論を評価する際に、合併しない企業の破壊的役割についての証拠を考慮する。

(2) 市場画定、関係製品、マーケットシェアおよび集中

　垂直合併にかかわる合併実行行為において、当局は、通常、合併が相当に競争を低下させる1以上の関連市場を画定する。当局が関連市場において潜在的な競争懸念を見分けるとき、当局はまた、1以上の関係製品を特定する。関係製品は、合併企業により供給または支配される製品またはサービスであり、関連市場における製品およびサービスに垂直的なまたは補足的な位置に置かれる。当局は、競争的効果の評価において、関連市場のマーケットシェアおよび市場集中の大きさを考慮する。当局は、合併が競争を相当に低下させるかどうかを決定する究極の目的のために、他の合理的に入手可能で信頼できる証拠とともにマーケットシェアおよび集中を評価する。

(3) 一方的効果

　垂直的合併は、1つの合併企業と他の合併企業と取引する、または取引できたであろうライバルとの間の競争を減少する。

　(a) 締出しおよび上昇するライバルのコスト

　垂直的合併は、関連市場における1以上の実際のまたは潜在的なライバルから競争的圧迫を弱めまたは取り除くために、合併企業が関係製品の支配を利益になるように用いることを可能にすることにより競争を減少する。垂直的合併が、一方的な締出しまたはライバルのコストの引上げにより競争を減少するかどうかを見分ける際、当局は、一般的に、以下の条件が満たされるかどうかを考慮する。

　(b) 能　　力

　合併企業が、1以上のライバルに関係製品を提供する条件を変更する

ことによって、合併企業は、ライバルが関連市場において相当な販売を失うこと、またはそうでなければ顧客のビジネスのためにより消極的に競争することを引き起こすことができそうであろう。合併は、ライバルが購入を関係製品の代替物に、関連市場における製品またはサービスの価格、品質または入手可能性に対する意味のある効果なくして、容易に切り換えることができるならば、締出しまたはライバルのコスト引上げに至る可能性のために、めったに詳細な吟味を保証しないであろう。

(c) インセンティブ

合併の結果として、合併企業は、締出しまたは劣る条件に反応してライバルが販売を失い、または彼らの行動を変えるとき、合併企業が関連市場において相当に利益を得るので、ライバルを締め出し、または関係製品に対し劣る条件を提供することが利益になると気づくであろう。この要素は、満たされないだろう、そして次に、合併企業が関連市場における関係製品のユーザーとの実際のまたは潜在的な競争の減少から利益を得ないならば、合併は、締出しを引き起こし、またはライバルのコストを引き上げる可能性のために、めったに詳細な吟味を保証しないであろう。

競争的に微妙な情報へのアクセス 垂直的合併において、取引は、結合した企業に、合併前に入手できなかった上流または下流のライバルについての微妙なビジネス情報へのアクセスおよび支配を与える。

(4) 協調効果

いくつかのケースにおいて、垂直的合併は、顧客を害する、関連市場における企業間の合併後の協調相互作用を可能にする、または奨励することによって、競争を減らす。垂直的合併は、関連市場における反競争的協調を防止または制限することにおいて重要な役割を演じる、または演じるであろう一匹狼の企業を排除する、または妨げることによって、協調に対する市場の脆弱性を高める。協調効果はまた、市場構造におけ

る変化または秘密情報に対する合併企業のアクセスが、①市場参加者間の黙示の合意に至る、②そのような合意をごまかすことを発見する、または③ごまかす企業を処罰することを容易にするときを含む、他の方法で生じる。

(5) 競争促進的効果

　垂直的合併は、補足的な経済的機能を結合し、契約をする摩擦を排除し、そしてしたがって、競争および消費者に便益を与える潜在的に認識しうる効率性の範囲をつくり出す能力を有する。垂直的合併は、最終製品をつくるために、供給チェーンにおける異なるレベルで使用されるものを含む、補足的な資産を結合する。これらの資産がどのように使用されるかを調整できる1つの企業は、生産、在庫管理または流通を合理化できる。その企業はまた、独立当事者間契約によっては達成しそうにないであろう方法で、革新的な製品をつくり出すことができる。

第8章

国際取引における紛争解決

1 国際仲裁

(1) 仲裁による紛争解決

　国際取引契約においては、当事者間で紛争が生じた場合訴訟によって解決するよりも仲裁による解決を選択することが多い。一般的に仲裁手続の利点は次のように挙げられている。第1に、契約による仲裁の合意は、紛争の解決がどこでどのようになされるかについての当事者の懸念を取り除くことができる。第2に、仲裁の付託により、当事者は公平な仲裁廷を期待することができる。第3に、当事者は当該紛争に対してなされた仲裁判断の執行が確保されることを期待することができる。第4に、当事者は当該仲裁に適用されるべき手続を定める権限を享受することができる。それでは、このような仲裁は、国際取引の紛争を解決する手段として、訴訟手続の利用と比較して、具体的にどのような特性を有しているであろうか。第1に、仲裁手続は、多くの事件を抱えた法廷地における第一審裁判所における訴訟手続よりも一般的に迅速に行われるが、さらにあらかじめ仲裁条項における証拠に関するルール等を定めることにより手続を早めることができる。一方で、例えば、アメリカの訴訟手続におけるディスカバリーのような完全な証拠開示による証拠収集は期待できないことになる。第2に、仲裁に要する費用は、仲裁手続の期間に対応して、一般的に訴訟費用よりも安価であるが、同じく仲裁条項においてどのように仲裁手続を簡略化するかを定め

るかによって、さらにある程度費用を削減することが可能である。第3
に、当事者は、仲裁手続においては仲裁人に当該紛争の性質に対応した
専門家を要請することができる。例えば、先端技術や建設土木等の技術
分野では、当該紛争を適切に解決しようとする者は専門的な知識を必要
とし、その分野に精通していることが必要である。第4に、当事者は、
当該紛争およびその解決に関して公への開示をコントロールすることが
できる。当事者の合意によって公開されない限り、誰もが自由にアクセ
スできるような公の記録は存在しない。

　第5に、当事者は、仲裁の場所としてそれぞれの国から中立的な国
を選ぶことができる。一方の当事者にとって、相手方の国の第一審裁判
所で紛争の訴訟手続を追行することが明らかに不公平ないし不利益にな
ることが予想される場合には、仲裁は中立的な解決を提供する機会とし
て貴重なものとなる。第6に、仲裁判断は、明らかに法に違反する、
あるいは詐欺であるような場合を除き、ほとんどの国の法制度において
最終的かつ拘束力あるものとされている。

(a) 仲 裁 条 項

　仲裁条項は、各種の国際取引契約の中で一般条項の1つとして埋も
れがちであり、ありきたりの標準条項が用いられる例も多く見受けられ
る。しかし、このような仲裁条項の内容が、紛争解決の問題に敏感なあ
るいは経験を有する当事者によって異議を申し立てられ、法律問題とし
て交渉の最終段階まで論争の対象になることもしばしばである。

(b) 仲裁の合意

　国際取引契約の当事者間に生じた紛争を仲裁に付する旨の仲裁の合意
は、主たる契約の1条項である仲裁条項として規定される例が多いが、
このような仲裁契約は主たる契約とは独立した存在であることが国際的
に認識されている。

(c) 仲裁機関と仲裁規則

　国際仲裁は、常設の国際仲裁機関による仲裁と紛争当事者間のその都
度の合意に基づくアドホック仲裁に分けることができる。国際取引にお

いては、機関仲裁として、ICC（国際商業会議所）国際仲裁裁判所、ア
メリカ仲裁協会（AAA）、ロンドン国際仲裁裁判所（LCIA）もしくはシ
ンガポール国際仲裁センター（SIAC）があり、それぞれの仲裁規則、
またはアドホック仲裁の場合、UNCITRAL（国際連合国際商取引法委員
会）の仲裁規則が採用されるのが一般的である。わが国においては仲裁
機関として日本商事仲裁協会があり、その仲裁規則が対象となる。当事
者は、それぞれの仲裁規則の特徴を十分に理解して当該契約関係の紛争
解決に適する仲裁規則を選択しなければならない。

(d) 仲裁人の指名

仲裁人は、1人であれ3人であれ独立した中立の人で構成されること
が原則である。当事者は、仲裁人を指名する、あるいは仲裁人の数と選
定の方法を定め、その資格を明示することができる。

(e) 仲裁地と仲裁地法

当事者は、それぞれの便宜および費用という実際的な考慮から自分の
国における場所を仲裁地として主張するのが通常であるが、中立的な国
における場所が基本的に当事者双方にとって受け入れやすい中立的な仲
裁地である。しかし、このような中立的な場所についての合意が得られ
ない場合もしばしばありうるが、最後の方策としてはいわゆる被告地主
義により、いずれかの当事者が仲裁を申し立てた場合、相手方である被
申立人の所在地を仲裁地とすることが考えられる。当事者が契約におい
て適用すべき準拠法を特定していない場合には、仲裁地の法が、仲裁手
続上の問題、仲裁合意の有効性や解釈の問題などに適用されることが一
般的に認められている。とりわけ次のような問題は仲裁地いかんにより
左右されることになり、仲裁の行方に影響することが大きいと考えられ
る。第1に、いかなる紛争が仲裁適格性を有するかについては、各国
の裁判所によって差異が存在する。第2に、各国の裁判所が命ずる証
拠開示の範囲や方法は国により異なっている。第3に、各国の裁判所
は暫定的救済を認めることがあるが、それは国により異なっている。第
4に、仲裁判断の最終性はほとんどの国において認められつつあるが、

国によっては裁判所への訴えによる仲裁判断の審理の可能性は完全には否定されるには至っていない。裁判所による仲裁判断の審理は、明らかな法違反、不公平や詐欺などのような理由に限定されるが、その介入の程度は国により実際上異なっている。

　なお、わが国においては、UNCITRAL1985 年国際商事仲裁モデル法を範として、新しい仲裁法が平成 16 年 3 月 1 日から施行されている。本法は、仲裁地が日本にある仲裁手続および仲裁手続に関して裁判所が行う手続に適用される（1 条）。

（2）仲 裁 手 続

（a）証 拠 開 示

　証拠開示の範囲は、仲裁地における仲裁人の経験と方針にかかってくることがしばしばである。いずれの仲裁規則もこの点具体的な明示の規定を設けていない。当事者は、証拠開示および証拠に関するルールならびに仲裁人の権限を定めておく必要がある。

（b）秘 密 保 持

　当事者は、仲裁人、仲裁機関およびいずれの当事者も仲裁手続や仲裁判断など仲裁における秘密保持の義務を負う旨契約に規定しなければならない。

（c）懲罰的損害賠償

　国際取引における紛争の仲裁による解決は、一方当事者が被った損害を迅速かつ公平に回復して、当事者の関係を早急に正常な状態に戻すことを目指しており、懲罰的損害賠償の概念は必ずしも仲裁の裁定に適切なものということはできない。当事者は、懲罰的損害賠償を救済方法から明示的に排除しておく必要がある。

（d）救 済 方 法

　仲裁判断による救済は、金銭的な救済であるのがほとんどである。しかし、迅速で効果的な救済を必要とする事態に備えて、当事者は、仲裁人が差止救済または特定履行を命ずる権限を有することを定めておくこ

とが考えられる。

(e) 仲裁判断の執行可能性

当事者は、仲裁を紛争解決方法として選んだ以上、上述したような仲裁判断が最終かつ拘束力ある旨を契約に定めなければならない。外国仲裁判断の承認と執行に関する 1958 年ニューヨーク協定の締約国は、他の締約国において下された仲裁判断を承認・執行することに合意しているが、その適用範囲について一定の制限および仲裁判断の承認と執行を拒否する抗弁が存在する。締約国は、対象とする仲裁判断を相互主義の原則に基づき締約国でなされた仲裁判断に限定すること、また国内法により商事と認められた法律関係から生ずる紛争のみに適用することを宣言することができる。

(f) 仲裁の準拠法

前述したように当事者間の合意である仲裁契約は、主たる契約の中で仲裁条項として規定されるのが通常である。仲裁に関連する準拠法は厳密には、主たる契約の準拠法とは区別して、仲裁契約の準拠法、仲裁手続の準拠法および仲裁判断の準拠法に分けられる。もっとも、主たる契約の準拠法とは別に、仲裁の準拠法が当事者間の合意により明記される場合は多くはないのが通常である。仲裁契約の準拠法については、当事者の自治、すなわち当事者の合意による指定が認められる。明示の意思による指定がないときには黙示の意思により、それでも明らかでないときには前述したように仲裁地の法によるものと解される。

なお、平成 18 年 1 月 1 日から施行された法の適用に関する通則法によれば、当事者による準拠法の選択がないときは、最密接関係地法によるとされている。わが国仲裁法によれば、当事者自治が認められるが、当事者による準拠法の選択がないときには仲裁地法（日本法）が準拠法となる。仲裁手続の準拠法については、UNCITRAL 国際商事仲裁モデル法は厳格な属地主義の立場をとっており、わが国仲裁法においても仲裁地が日本にある場合には、原則としてわが国仲裁法の諸規定が適用される。仲裁判断の準拠法についても、当事者の自治、すなわち当事者の

合意による指定が認められる。当事者による明示の意思がないときには、UNCITRAL 国際商事仲裁モデル法によれば、仲裁廷が適当と認める抵触法により実質法を決定して適用するが、わが国仲裁法においては、仲裁廷は最密接関係地法を適用しなければならない。

2　国 際 訴 訟

　企業間の国際訴訟は、類型的に、①外国企業が原告として、わが国企業を外国の裁判所に提訴する場合、②外国企業が原告として、わが国企業を日本の裁判所に提訴する場合、③わが国企業が原告として、外国企業を外国の裁判所に提訴する場合、④わが国企業が原告として、外国企業を日本の裁判所に提訴する場合、に分けられる。これらの関係を規律するルールを概観する。

（1）準拠法の選択
　準拠法の選択とは、渉外的法律関係についていかなる地の法により規律するかを決める問題である。
　(a) 当事者自治の原則
　契約の準拠法をどのように決定すべきかについて、沿革的には、あらかじめ一定の客観的な連結点により準拠法を決定するという客観主義がとられ、契約締結地法、契約履行地法や当事者の属人法などが準拠法とされていた。しかし、契約の内容や種類の多様化とともに客観主義による準拠法の決定が困難になり、契約における意思自治の考え方が浸透するとともに、抵触法レベルにおける渉外的契約の準拠法の決定についても当事者による自治を認めるべきという考え方が普及してきた。また、この考え方は当事者の予見可能性を高め、裁判所などの手間を省けることになる。このようにして当事者自治の原則は国際的に認められるに至った。しかしながら、複雑化した競争社会を規制するために国家による私的自治への介入、すなわち契約の自由に対する実質的な制限が認められるようになるに従い、抵触法レベルにおいてもこのような当事者自

治の原則に対して批判がなされ、当事者自治の制限説が主張された。また、附合契約について当事者自治を認めない考え方も主張される。しかし、附合契約に対する規制は準拠実質法による規制で十分であり、著しい不公正が生じる場合には公序による制限を認めるのが通常である。抵触法レベルにおける当事者自治を否定する理由とまではならない、と批判される。最近の立法例においては、当事者自治を原則としながら、消費者契約や労働契約のような特定の類型の契約については例外とする、あるいは当事者による選択がない場合には客観的に準拠法を決定する補充的方法を定めておくという方法もとられている。また、強行法規の特別連結理論によれば、経済的弱者を保護する必要のある契約については、契約の準拠法とならなかった国の強行法規であっても、当該契約関係と密接な関係を有する一定の国の強行法規が特別連結により適用される。このような理論が条約や立法例において認められるに至っている。

(b) わが国抵触法による規律

準拠法の選択　法の適用に関する通則法(以下「適用通則法」という)は、契約の準拠法の選択について当事者自治の原則を認めている。すなわち、法律行為の成立および効力は、当事者が当該法律行為の当時に選択した地の法による。国際契約においては、当該契約関係を規律する準拠法に関して当事者間の合意により、準拠法条項として規定するのが原則である。しかしながら、交渉によっても利害が一致しない場合がしばしば生じる。そのような場合には、「当事者による準拠法の選択がないとき」として、適用通則法のルールが適用されることになる。当事者は、法律行為の成立および効力について適用すべき法を変更することができる。ただし、第三者の権利を害することとなるときは、その変更を第三者に対抗することができない(9条)。もっとも、法律行為の方式については、契約締結時に決定された準拠法に固定されている。

準拠法選択がないとき　当事者による準拠法の選択がないときは、法律行為の成立および効力は、当該法律行

為の当時において当該法律行為に最も密接な関係がある地の法による。このように適用通則法は準拠法選択における客観的連結の一般原則を採用しているが、これを補充するために特徴的給付の理論を取り入れている。この理論は、現代の契約の多くが金銭的給付を対価として、それ以外の給付が反対給付としてなされることに着目し、金銭的給付は契約の個別的特徴を示さないが、その反対給付が当該契約の特徴を示すものと解し、反対給付の義務を負う者の常居所地法（あるいは事業所所在地法）を原則として当該契約の準拠法と解する。もっとも、適用通則法は特徴的給付による指定が類型的な特定であるとして推定にとどめている。すなわち、法律行為において特徴的な給付を当事者の一方のみが行うものであるときは、その給付を行う当事者の常居所地法（その当事者が当該法律行為に関係する事業所を有する場合にあっては当該事業所の所在地の法または主たる事業所の所在地の法）を当該法律行為に最も密接な関係がある地の法と推定する。

消費者契約　消費者契約について消費者保護のために当事者自治の原則が制限される。適用通則法 11 条 1 項によれば、消費者契約の成立および効力について、消費者の常居所地法以外の法が準拠法として選択された場合であっても、消費者がその常居所地法中の特定の強行規定を適用すべき旨の意思を事業者に対し表示したときは、当該消費者契約の成立および効力に関しその強行規定の定める事項についてはその強行規定をも適用する。この場合、その強行規定の定める事項についてはもっぱらその強行規定が適用されるのではなく、当事者が選択した法に加えて、消費者の常居所地法上の特定の強行規定が累積的に適用されることになる。消費者契約の成立および効力について準拠法が選択されなかった場合には、消費者の常居所地法が当該消費者契約の成立および効力の準拠法となる。ただし、能動的消費者についての適用除外、消費者の常居所地の誤認および消費者性の誤認による適用除外が定められている。

労働契約　労働契約についても労働者の保護のために当事者自治の原則が制限される。適用通則法 12 条 1 項によれば、労働契約において労働契約の最密接関係地法以外の法が選択された場合であっても、労働契約について選択された地の法に加えて、労働者が当該労働契約の最も密接な関係がある地の法中の特定の強行規定を適用すべき旨の意思を使用者に対し表示したときは、当該労働契約の成立および効力に関しその強行規定の定める事項についてはその強行規定をも適用する。労働契約の最密接関係地法を認定するに当たっては、当該労働契約において労務を提供すべき地の法が当該労働契約の最密接関係地法と推定され、その労務を提供すべき地を特定することができない場合には当該労働者を雇い入れた事業所の所在地の法が最密接関係地法と推定される。労働契約において準拠法選択がなされなかったときは、労働契約の成立および効力については、当該労働契約において労務を提供すべき地の法を当該労働契約に最も密接な関係がある地の法と推定される。

(2) 国際裁判管轄

　国際裁判管轄とは、渉外的民事事件についてどの国が裁判を行うべきかを決める問題である。国際訴訟の類型に関する前述④の場合において、当該訴訟についてわが国裁判所に国際裁判管轄が認められるかが問題となる。

　2012 年 4 月 1 日、財産権上の訴えについて国際裁判管轄の規定を新設することを内容とする改正民事訴訟法が施行された。財産関係に関する具体的な国際裁判管轄は以下のとおりである。①被告の住所地・主たる営業所所在地　当事者間の公平の理念から「原告は被告の法廷に従う」の格言により、被告がわが国に住所または主たる事業所・営業所を有する場合には、わが国に国際裁判管轄が認められる。②契約債務履行地　契約事件について債務履行地がわが国にある場合には、わが国に国際裁判管轄が認められる。③不法行為地　不法行為事件についてわが国に不法行為地がある場合には、わが国に国際裁判管轄が認められる。隔

地的不法行為の場合は、加害行為地、結果発生地のいずれについても国際裁判管轄が認められる。④不動産所在地　不動産については、所在地の登記制度との関係などから、被告の不動産がわが国にある場合には、わが国に国際裁判管轄が認められる。⑤併合請求管轄　請求の客観的併合については、併合される複数請求の一の請求についてわが国の国際裁判管轄が認められる場合、当該一の請求と他の請求との間に密接な関連があるときに限り、わが国の裁判所に訴えを提起することができる。請求の主観的併合については、客観的併合の場合と同様に、併合される請求間の密接関連性を要求するほか、訴訟の目的である権利または義務が数人について共通であること、または同一の事実上および法律上の原因に基づくことを要件として、国際裁判管轄が認められる。⑥応訴管轄被告が本案について応訴し、国際裁判管轄欠如の抗弁を提出しなかった場合には、当事者間の公平の見地から当該裁判所に国際裁判管轄が認められる。⑦合意管轄　当事者は、合意により、いずれの国の裁判所に訴えを提起することができるかを定めることができる。国際裁判管轄の合意は、一定の法律関係に基づく訴えに関する書面による合意でなければ、効力を生じない。管轄合意は、専属管轄規定に反するものであってはならない。外国裁判所の専属管轄の合意は、その裁判所が法律上または事実上裁判権を行うことができないときは援用できない。

　ハーグ国際私法会議において包括的な裁判管轄に関する条約の締結に向けて努力がなされたが、その成立には至らず、2005 年に小規模な条約として「管轄合意に関する条約」が採択された。この条約によれば、専属的管轄合意により指定された裁判所が、当該国の法により合意が無効である場合を除き、国際裁判管轄を有する、そして指定された裁判所が下した判決は、他の締約国において承認・執行が義務付けられている。

（3）外国判決の承認と執行

　国際訴訟の類型に関する前述①の場合において勝訴した原告、③の場

合において勝訴した原告は、当該外国判決の承認および執行に関して、後述のようにわが国の民事訴訟法および民事執行法の適用を求めることになる。

　国家は外国判決の効力を内国で認める国際法上の義務を負っていないが、当事者の権利を国際的に実現すること、内外判決の矛盾を防止すること、司法エネルギーを節約することなどの理由から、多くの国は一定の条件の下で外国判決を承認している。外国判決の承認とは、外国判決が判決国で有する既判力や形成力を内国でも認めることであり、判決効の内容や範囲は原則として判決国法により定まる。これに対して執行力は、判決内容の強制的実現を判決国執行機関に命じるものであるから、そのまま承認することはできず、内国において執行判決により承認要件の充足を審査した上で改めて付与されなければならない（民事執行法24条）。わが国は、外国判決の効力の承認のためになんらの特別の手続を必要とせず、一定の要件を充足する限り自動的に承認する制度を採用している。民事訴訟法118条は外国判決承認の要件を以下のように定めている。①外国裁判所の確定判決であること。当該外国判決は、判決国法上、通常の不服申し立て手段に服するものであってはならず、外国裁判所が私法上の法律関係について終局的になした裁判でなければならない。②外国裁判所が国際裁判管轄を有すること。外国裁判所が国際裁判管轄を有すること（間接管轄）が必要であり、その有無は承認国であるわが国の直接管轄（わが国裁判所の国際裁判管轄）の基準に照らして判断されなければならないとするのが一般的な見解である。一方で、間接管轄は直接管轄とは異なり、外国ですでに終了した手続に対する事後的評価にかかわるものであり、直接管轄よりも緩やかな基準で判断すべきであると主張されている。③敗訴の被告が適正な送達を受けたこと。敗訴の被告が訴訟の開始に必要な呼出しもしくは命令の送達（公示送達その他これに類する送達を除く）を受けたことまたはこれを受けなかったが応訴したことという要件は、防御の機会なくして敗訴した被告の保護を図る趣旨である。判決国とわが国との間に送達条約（1965年民事または商

事に関する裁判上および裁判外の文書の外国における送達および告知に関する条約）などの条約上の取決めがある場合、それを遵守しない送達については適式性を否定する見解が主張されている。一方で、コモンロー系の国において代理人である弁護士が訴状を名宛人に直接交付する、あるいは直接郵送するという方法については、条約上の正規の送達方法ではないが、それによって被告が訴訟の開始を了知し、適時に対応できたかどうかを個別の事情を勘案して認容しようとする見解もある。④判決の内容および訴訟手続がわが国の公序に反しないこと。外国判決の内容および訴訟手続がわが国の公序に反するときは、外国判決は承認されない。公序違反か否かの審査においては、判決主文のみならず、理由中の判断や審理で提出された証拠資料なども審査の対象となりうる。もっとも、実質的再審査は禁止されており、承認国の公序維持の立場から承認国内における外国判決の効力を否定する限度にとどまる。⑤相互の保証があること。相互の保証とは、判決国がわが国裁判所の同種の判決を民事訴訟法 118 条と重要な点で異ならない要件の下で承認するとき、わが国は当該外国判決を承認するものであり、外国におけるわが国判決の効力を確保しようとする政策的な要件である。

（4）訴 訟 対 策

　企業の法務部門は、国際訴訟の類型に関する前述①および③の場合において、外国裁判所に提訴されそうなときあるいは外国裁判所に提訴しようとする場合にはこれらに備えて、直ちに訴訟対策に着手しなければならない。なお、前述②および④の場合においては、国内訴訟に準じて対応することになる。全社的な訴訟対策チームの迅速な立上げ、証拠資料の収集・検証・分析、関係者のヒアリング・検証・分析、調査の実施などは、国内訴訟の場合と同様であり、これらの共同作業を踏まえて、訴訟戦略を立案することが必要である。弁護士の起用については、国内訴訟とは異なる観点からの検討が必要である。すなわち、国際訴訟の場合、海外の法廷地において活動している有能な弁護士を起用しなければ

ならない。また、その起用の仕方も、国内の法律事務を経由する方法と現地の法律事務所を直接起用する方法がある。国際法務の経験や知見が少ない企業の場合は前者の方法に頼らざるをえないとも考えられるが、費用と時間の両面で大きな負担がかかることになるので、現地の法律事務所を直接起用することが望ましい。グローバルに事業を展開する企業の法務部門は、いつ何時に生じるかもしれない国際訴訟に備えて、日頃から海外の法律事務所とのネットワークをつくっておく必要がある。また、どのような海外法律事務所を起用するかは、当該紛争の規模や性質などの観点を勘案することになるが、その専門分野に着目して、例えば、環境法、知的財産法や競争法など、当該紛争にかかわる特定の分野に強い法律事務所を起用する必要がある。

〈著者紹介〉

井原　宏（いはら　ひろし）

京都大学法学部卒業、ケンブリッジ大学大学院比較法研究課程修了、住友化学法務部長、経営法友会代表幹事、筑波大学大学院教授（社会科学系）、同ビジネス科学研究科長、明治学院大学法学部教授、同学長補佐、弁護士、筑波大学監事、国際取引法学会代表理事会長を歴任。現在、国際取引法学会理事・名誉会長（創設者）、筑波大学名誉教授、京都大学博士（法学）。

［主要著作］

『企業の国際化と国際ジョイントベンチャー』（商事法務、1994）、『現代国際取引法』（商事法務、1999）、『国際事業提携　アライアンスのリーガルリスクと戦略』（商事法務、2001）、『グローバル企業法　グローバル企業の法的責任』（青林書院、2003）、『国際契約法』（大学教育出版、2006）、『国際知的財産法』（有信堂高文社、2007）、『国際取引法』（有信堂高文社、2008）、『国際売買契約　ウイーン売買条約に基づくドラフティング戦略』（編著、レクシスネクシス・ジャパン、2010）、『判例　ウイーン売買条約』（編著、東信堂、2010）、『グローバル企業法』（東信堂、2011）、『国際ジョイントベンチャー契約　国際ジョイントベンチャーのリスクとリーガルプランニング』（東信堂、2013）、『現代企業法務 1　国内企業法務編』（編著、大学教育出版、2014）、『グローバルビジネスロー　基礎研修 1　企業法編』（編著、レクシスネクシス・ジャパン、2015）、『企業経営のための経営法学』（大学教育出版、2021）、『国際技術ライセンス契約　そのリスクとリーガルプランニング』（東信堂、2021）、『国際取引法　上巻／下巻』（東信堂、2022 ／ 2023）、『国際取引法講義』（大学教育出版、2023）など。

新ブリッジブック

国際取引法入門

2023(令和5)年11月28日　第1版第1刷発行

©著　者　井　原　　　　　宏

発行者　今　井　　　貴

　　　　稲　葉　文　子

発行所　㈱　信　山　社

〒113-0033　東京都文京区本郷6-2-102

電話 03(3818)1019　FAX 03(3818)0344

info@shinzansha.co.jp

Printed in Japan, 2023　　　印刷・製本／藤原印刷株式会社

ISBN 978-4-7972-2945-5 C3332 ¥2500E 012-010-005

さぁ、「新ブリッジブック」の扉を叩こう！

　本シリーズは、グローバル化と変革の中で、新たな価値を創造する力を育成し、翔く人材を育成するための、新たな架け橋 (ブリッジ) です。

　これからの社会の中で、社会人＝プロとして生きるためには、基本の修得と、それを応用していく能力が、日々あらゆる場面で要求されます。高校までに学んできたことは、野球のキャッチボールのような「基本の基本」です。また、これから学ぶ専門分野も、プロから見ればほんの「基本」に過ぎません。ただ、この「基本」の修得が、社会で必要となる応用能力へブリッジともなります。

　野球でいえば、その「基本」である、正確なスローイング、キャッチング、そして、芯でとらえるバッティング、隙を逃さない走塁。これらがうまくできるようになって、チームプレーとしての戦略が可能になります。プロの世界は、「基本」を応用して、高度なアイディアや独創性をもった頭脳的なプレーが要求されます。

　これから学ぶのは、そんな高度なプレーのための土台となる入口です。いきなりホームランは打てません。総合的な視点から「基本」を修得して、多様な世界で活躍していける応用力を身につけましょう。一流プレーヤーになるための第一歩として、さぁ、「新ブリッジブック」の扉を叩こう！

2020 年 12 月

信山社『新ブリッジブック』編集室

現代選書シリーズ

未来へ向けた、学際的な議論のために、
その土台となる共通知識を学ぶ

ＥＵとは何か【第3版】―国家ではない未来の形
　　　／中村民雄 著
ＥＵ司法裁判所概説／中西優美子 著
現代ドイツの外交と政治／森井裕一 著
環境リスクと予防原則 Ⅰ　リスク評価【アメリカ環境法入門1】
　　　／畠山武道 著
環境リスクと予防原則 Ⅱ　予防原則論争【アメリカ環境法入門2】
　　　／畠山武道 著
環境リスクと予防原則 Ⅲ　アメリカ環境政策の展開と規制
　　改革―ニクソンからバイデンまで【アメリカ環境法入門3】
　　　／畠山武道 著
女性差別撤廃条約と私たち／林陽子 編著
原子力外交―IAEAの街ウィーンからの視点／加納雄大 著
環境外交―気候変動交渉とグローバル・ガバナンス
　　　／加納雄大 著
東南アジア外交―ポスト冷戦期の軌跡／加納雄大 著
核軍縮入門／黒澤満 著
緊急事態の法的コントロール―大震災を例として
　　　／初川満 編
国際テロリズム入門／初川満 編
武器輸出三原則入門／森本正崇 著
韓国社会と法／高翔龍 著

信山社

信山社

国際法実践論集　小松一郎 著、御巫智洋 編集

経済安全保障と先端・重要技術 ― 実践論
　　　　　　　　　　　　　　　　風木　淳

経済安全保障と対内直接投資
　― アメリカにおける規制の変遷と日本の動向　渡井理佳子

人権判例報　1〜6号 続刊　小畑郁・江島晶子 責任編集

地球上のどこかに住む権利 ― 現代公法学へのエチュード
　　　　　　　　　　　　　　　　　　小畑　郁

宇宙法の形成　中村仁威

国際協力と多文化共生　芹田健太郎

新国際人権法講座　第1巻〜第7巻　国際人権法学会創立30周年記念企画
　　小畑郁・山元一・近藤敦・申惠丰・阿部浩己・大津浩 編集

「学ぶこと」と「思うこと」 ― 学び舎の小和田恆先生
　　山本吉宣・上川陽子・田中明彦・金城亜紀・赤松秀一 編

― 信山社 ―